1068

24054

Paris

Clergé (Comm.^{tés} religieuses)

St. Germain-des-prés

LES PROCEDVRES

FAICTES TANT AV PRIVE'

Conseil du Roy, qu'ailleurs en consequence
des oppositions formées aux homologations des Concordats faits par Freres Iacques
Mercier & Claude Cotton pour l'vnion des
deux Abbayes de S. Vincent du Mans & S.
Germain Desprez, membres dependants de
la Congregation de Chesalbenoist reformée
en France, à la Congregation des Peres de
sainct Maur : par lesquelles procedures on
recognoistra les violences souffertes par les
Peres Abbez, Superieurs & Religieux de
ladite Congregation de Chesalbenoist pour
n'auoir voulu consentir ladite vnion, & s'e-
stre voulu conseruer en l'estat de leur Profession.

A PARIS,

M. DC. XXXVI.

CONCORDAT DES

RELIGIEVX DE S. GERMAIN
Defprez, pour l'introduction des Peres de la Congregation de S. Maur en ladite Abbaye de S. Germain moyennant des pensions, & pour n'estre plus subjects à l'obedience soubs la Congregation de Chesalbenoist.

ARDEVANT les Notaires & Gardenottes du Roy nostre Sire en son Chastellet de Paris, soubs-signez. Furent presents en leurs personnes, haut & puissant Prince, Monseigneur Henry de Bourbon, Euesque de Mets, Prince du sainct Empire, Abbé des Abbayes de sainct Germain Desprez lez Paris, Thiron, Bonport, & Vaut de Cernay, Marquis de Verneuïl, demeurant au Chasteau Abbatial dudit sainct Germain, tant pour luy, que pour ses successeurs Abbez de ladite Abbaye dudit sainct Germain, lequel par ordre & commandement exprés de sa Majesté, & de l'aduis de son Conseil, duquel est chef, par le commandement du Roy, Messire Chrestien de Lamoignon, sieur de Basuillé, Conseiller du Roy en ses Conseils d'Estat & Priué, & en sa Cour de Parlement à Paris, Messire Isaac de Couruille, Surjntendant de sa Maison, & Noble homme Gabriel Pellaut, à ce present, d'vne-part: Et Reuerend Pere Dom Gregoire Tarisse, Superieur General de la Congregation de sainct Maur en France, & Dom Cyprian le Clerc son assistant, & Procureur de ladite Congregation de sainct Maur, Ordre sainct Benoist, estant de present à Paris, au Monastere des Blancs Manteaux, tant en leurs noms,

que des Reuerends Peres du Chapitre General de ladite Cõ-
gregation, aufquels ils feront ratiffier fes prefentes, d'autre-
part. Confiderant ledit Seigneur Abbé que ladite Abbaye de
fainct Germain Defprez, Ordre de fainct Benoift, dependant
immediatement du fainct Siege, eftoit autresfois l'exemple &
la regle de pieté, & |difcipline reguliere : mefmement cepen-
dant que la Congregation de Chefalbenoift eftoit en fplen-
deur, à laquelle Congregation ladite Abbaye auoit efté autresfois affociée, pour autant de temps feulement que ladite difcipline reguliere y feroit exactement obferuée, laquelle con-
ditiõ l'experience a fait voir auoir efté tres-fagement appofée,
d'autant que ladite Congregation fe voit grandement def-
cheuë, ce qui ne s'apperçoit que trop en ladite Abbaye de
fainct Germain Defprez, pour laquelle reformer le Pape Paul
cinquiefme, d'heureufe memoire, enuoya de fon propre mou-
uement vn Bref, datté du treiziefme d'Aouft mil fix cens qua-
torze, par lequel fadite Sainceté vouloit que ladite Abbaye
de fainct Germain Defprez fuft defvnie de ladite Congregation de Chefalbenoift, pour eftre vnie en la Congregation des
Religieux reformez de fainct Benoift, à prefent appellez de
fainct Maur, lequel Bref neantmoins à caufe d'autres grandes
affaires furuenuës depuis, n'a peu eftre mis en execution, au
grand regret dudit feigneur Abbé, & de la plus part des bons
Religieux Profex de ladite Abbaye, qui ne defirent rien tant,
que de la voir refleurir en faincteté & deuotion, comme elle
a faict autresfois, & dont quelques vns fe font des-ja ftabiliez
en ladite Congregation de S. Maur, & les autres ont par plufieurs fois efté enuoyez de part & d'autres par ceux de ladite
Congregation de Chefalbenoift, & empefchez par ce moyen
de mettre en effect leurs faincts defirs, en quoy ledit feigneur
Abbé defirant les fauorifer de tout fon pouuoir, il auroit eu recours aufdits Peres de ladite Congregation de fainct Maur,
pour en mettre quelque nombre d'iceux en ladite Abbaye de
fainct Germain, auec les Religieux profex d'icelle, à fin d'y
faire reuiure la difcipline Monaftique, auec lefquels Peres de
ladite Congregation ledit Seigneur a traicté comme s'enfuit.
Pour ce eft il qu'aujourd'hui datte des prefentes, lefdites parties efdits noms fuiuant le pouuoir donné à ladite Congrega-

tion de ſainct Maur par Bulles de nos ſaincts Peres les Papes, & Lettres patentes du Roy noſtre Sire, ont faict & font par ces preſentes les traictez, accords, & conuentions qui s'enſuiuent.

I.

Premierement, Que ladite Abbaye de ſainct Germain Deſprez, auec les Offices & Benefices, reuenus & poſſeſſions quelconques dependantes de la menſe conuentuelle du dit lieu, ſera dés maintenant, à l'aduenir, & à perpetuité vny & incorporé à ladite Congregation de ſainct Maur, ſans aucune diminution, ny changement de la dignité Abbatialle, & des droicts qui en dependent, leſquels demeureront en leur entier, tant pour ce qui concerne la nomination du Roy en ladite Abbaye, que pour les droicts & prerogatiues appartenantes audit ſeigneur Abbé, ny deſroger pareillement aux preſentations, collations, & autres deſpoſitions de benefices & offices dependantes de ſa menſe Abbatialle, laquelle vnion & aggregation demeurera en ſa force & vertu, tant & ſi longuement que le Chapitre General de ladite Congregation de ſainct Maur demeurera en ſa liberté d'eſlire vn Preſident ou Superieur General indiſtinctement de telle maiſon de ladite Congregation qu'il trouuera eſtre pour le mieux, & tant & ſi longuement que la diſcipline Reguliere y ſera exactement obſeruée: Et au cas (lequel Dieu ne veille) que le Superiorité ou Generalité de ladite Congregation fuſt affecté à quelque Abbaye, Maiſon ou perſonne particuliere, en telle façon que ledit Chapitre n'en peuſt diſpoſer autrement, ou que ladite Congregation ſe relaſchaſt de l'eſtroicte Obſeruance reguliere de ſainct Benoiſt, ſera permis auſdits ſieurs Abbez qui pour lors feront de pourſuiure la deſvnion de ladite Abbaye, & l'vnion & aggregation d'icelle à vne autre Congregation reformée, ſans leſquelles précautions ſe preſent contract ne ſe fuſt paſſé.

I I.

Appartiendra aux Superieurs de ladite Congregation d'enuoyer en ladite Abbaye des Viſiteurs, Prieurs & Religieux, & y receuoir des Nouices, ſi bon leur ſemble, & les admettre a la Profeſſion ſuiuant la forme & inſtitut de ladite Congregation, fans qu'ils y puiffent eftre empefchez par lefdits Seigneurs Abbez, ny par les Religieux Profex d'icelle qui font à prefent, aufquels Superieurs defdits Peres appartiendra la qualité de Prieur clauftral de ladite Abbaye.

III.

Sera aux choix defdits Religieux Profex qui font de prefent en ladite Abbaye de fainct Germain d'entrer en ladite Congregation, s'ils en font trouuez capables par lefdits Peres, pour y faire au prealable leur Nouiciat auant leur Profeffion, foit en ladite Abbaye, ou autre Maifon, à la difcretion des Superieurs de ladite Congregation, ou bien de viure foubs la conduitte de celuy d'entre eux, qui fera leur Superieur audit Monaftere, lequel fera appellé le Prieur ancien, ne pourra neantmoins fe preualoir de la qualité de Prieur clauftral de ladite Abbaye, ny pretendre ou exercer aucune iurifdiction fur les Peres & Religieux de la Congregation, comme auffi le Prieur clauftral qui fera de ladite Congregation n'aura aucune iurifdiction fur les Religieux Profex de ladite Abbaye qui font à prefent.

IIII.

Feront lefdits Peres de ladite Congregation le feruice & office Diuin en ladite Abbaye, ainfi qu'ils ont accouftumé aux autres Monafteres de leur Congregation, & felon que le requiert la dignité de ladite Abbaye, auquel office prefidera fur eux leurdit Prieur clauftral, qui neantmoins ne pourra contraindre lefdits Religieux profex d'à prefent, ny eux pareillement, qu'il n'ordonne dudit Office la regle, & face celebrer par fes Religieux felon les vfes & couftumes de ladite Congregation, ains feulement y affifteront lefdits Religieux profex, & Pfalmodieront en la forme & regle de ladite Congregation, fans y apporter aucun chamgement, trouble ny difcord, & pourront eftre difpenfez de ladite afsiftance par ledit Prieur ancien felon qu'il iugera eftre raifonnable.

V.

Lefdits Religeiux Profex d'aprefent tiendront dans l'Eglife leur rang & fiege accouftumé, fçauoir, le haut vers la nef, & leur Prieur ancien occupera la premiere chaize du cofté gauche, & les Peres de la Congregation feront confecutiuement és sieges vers le grand Autel : Pourra neantmoins leur Prieur clauſtral occuper la seconde chaize du coſté droiſt vers la nef, & sera gardé pareil ordre aux proceſſions & par tout ailleurs.

VI.

Et pourra ledit Prieur ancien faire l'Office & celebrer la Meſſe és solemnitez de Paſques, Aſſomption de la sacrée Vierge, de sainſt Vincent, & de sainſt Germain, à la charge de s'accommoder aux ceruices & heures deſdits Peres de ladite Congregation, & en ce iour ledit Prieur ancien fera le signe, & donnera les benediſtions ; & aux autres iours fera le Prieur clauſtral en son abſence, celuy deſdits Peres qu'il aura laiſſé en sa place.

VII.

Quand leſdits Religieux Profez auront deuotion, & deſireront de celebrer la sainſte Meſſe, le Sacriſtain qui sera vn des Peres de ladite Congregation de sainſt Maur, leur fournira d'aubes, chaſubles, calices, corporaulx, voiles, miſſels, & toutes les autres choses neceſſaires à ladite celebration: Neantmoins quand leſdits Religieux Profex diront la sainſte Meſſe en la Chappelle de sainſte Marguerite, ce qui sera offert par ceux ou celles qui auront demandé la Meſſe, appartiendra auſdits Peres de ladite Congregation, sans que celuy deſdits Religieux Profex qui aura celebré ladite Meſſe s'en puiſſe preualoir: d'autant que le casuel & reuenu de l'Egliſe tient lieu de fons auſdits Peres, pour le payement des penſions & autres charges.

VIII.

Les lieux reguliers seront delaiſſez aux Peres de ladite Congregation, le pluſtoſt que faire se pourra, & dés le iour qu'ils seront introduits en ladite Abbaye, seize chambres leurs seront données dans le Dortouër : comme auſſi l'vn des chauffouërs, la Sacriſtie, Aumoſnerie, grande Librairie, Refeſtoir, la sale des hoſtes, cuiſine & greniers, le jardin de la porte & du viuier leurs seront entierement delaiſſez: & ceux deſdits Religieux Profez qui voudront continuer à loger dans ledit Dortouër, se retireront, & leueront à l'heure qu'ils ne pourront incommoder les Peres de ladite Congregation, & y garderont vn silence rres-exact, & n'y feront aucun bruit, à quoy leur Prieur ancien prendra garde sur toutes choses.

IX.

Ceux desdits Religieux Profex qui desireront d'aller prendre leur refection au grand Refectoir, le pourront faire du consentement des Peres de ladite Congregation, & en les indemnisant, & à la charge neantmoins qu'ils se contenteront de pareilles portions que celles qui seront seruies ausdits Peres, & qu'ils s'y comporteront en silence, & auec la modestie que le lieu le requiert.

X.

Le grand jardin de ladite Abbaye sera commun entre lesdits Religieux Profex & les peres susdits, & pourront lesdits Religieux Profex y prendre des herbes pour leur vsage seulement, & y faire des petits jardins, comme ils faisoient cy-deuant: & quant aux verjus ils appartiendront ausdits Peres, lesquels entretiendront à leurs despens les jardins & treilles d'iceluy.

XI.

Lesdits Religieux Profex de ladite Abbaye qui volontairement quitteront leurs chambres du Dortoir pour loger lesdits peres, seront logez à la disposition dudit prieur ancien és Infirmeries, Hostelleries, & logis appellez les Seculiers: & quand il plaira à Dieu les appeller de ce monde, ledit prieur ancien disposera de leur logement qui seront hors le Dortoir, pour la commodité de ceux qui suruiuront; comme aussi de leurs meubles & habits, lesquels il pourra distribuer aux plus necessiteux, selon qu'il iugera estre à faire, à la charge que rien ne sortira de ladite Abbaye, & pour ce qui est des liures desdits decedez, ils seront mis en la librairie commune, de laquelle l'entrée sera permise ausdits Religieux anciens, toutesfois & quantes qu'ils y voudront entrer, & de laquelle librairie, ledit Prieur ancien pourra auoir vne clef.

XII.

Seront tenus lesdits peres de ladite Congregation, de mettre & remplir ladite Abbaye de quarante Religieux de chœur, pour le moins, aprés toutesfois que lesdits Religieux Profex qui sont à present en ladite Abbaye, seront decedez, ou leurs

penſions ſi aprés declarées eſteintes, & que les plus grandes
debtes & reparations les plus neceſſaires de ce qui appartient
à la Menſe conuentuelle de ladite Abbaye, ſeront payez &
faicts, & dés à preſent y en mettront ſeize au plus, tant de
chœur, que Freres Laiz, ou Conuerts, leſquels ſeront tenuz y
entrer auſſi toſt que ledit Seigneur Abbé le deſirera, & ſelon
que leſdits Religieux Profez viendront à deceder, ou que
leurs penſions ſeront eſteintes : leſdits Peres augmenteront
leur dit nombre, à ce que ladite Abbaye ſoit remplie de quarante Religieux.

XIII.

Et pour ſuruenir à la nourriture & entretenement deſdits
Peres de ladite Congregation de ſainct Maur, és charges cy-
aprés ſpecifiées. Ledit Seigneur Abbé pour luy, & ſes ſuccſ-
ſeurs Abbez, conſent qu'ils iouïſſent, & en tout que beſoin ſeroit, leur a donné, delaiſſé, & tranſporté en proprieté, tous &
vn chacun les reuenus, dont iouïſſoient cy-deuant, & iouïſſent encor à preſent leſdits Religieux Profez de ladite Abbaye, terres, ſeigneuries, offices, benefices, prez, bois, vignes,
& toutes autres choſes quelſconques, eſtans de la Menſe conuentuelle de ladite Abbaye, comme le tout eſt plus ample-
ment & particulierement ſpecifié au Concordat, fait entre les
predeceſſeurs dudit Seigneur Abbé, pour la partitiõ de la Menſe Abatiale & conuentuelle, leſquels Concordats auront pareille force & vertu, & ſeront executez de part & d'autre, comme ils ont eſté cy-deuant toutes, & en la meſme façon, comme
s'ils eſtoient faicts auec leſdits Peres de la Congregation de
de ſainct Maur, en ce qu'ils ne ſont point contraires au preſent accord & conuentions.

XIV.

Leſdits Peres de la Congregation de ſainct Maur, ne pourront neantmoins faire aucune eſchange ou alienation de ce
qui eſt de ladite Menſe conuentuelle dudit ſainct Germain,
ſans l'aduis & conſentement dudit Prieur ancien, & deſdits
Religieux Profez, & ne feront aucunes preſentations de
Curez dependants de ladite Menſe ny collation, ou inſtitution des Officiers Seculiers, ſans l'aduis dudit Prieur ancien,
& de celuy de deux deſdits Religieux Profez, tels que ledit

Prieur ancien trouuera eftre raifonnable à cet effeôt.

XV.

Et moyennant tous les fufdits reuenus de ladite Menfe conuentuelle, & appartenance d'icelle, lefdits Peres de ladite Congregation de fainôt Maur feront tenus & obligez, comme ils s'obligent, & promettent par ces prefentes, de payer aufdits Religieux Profez de ladite Abbaye, pour leur nourriture, veftieres, chauffages, medecines, & pour toutes autres chofes quelfconques : Les penfions fuiuantes, fçauoir, aux vingts plus anciens Religieux de chœur, chacun quatre cens liures, & aux autres Religieux de chœur trois cens cinquante liures, & aux Freres Conuers chacun trois cens liures, lefquelles penfions defdits Religieux de chœur, qui prefentement ne fe montent à quatre cens liures, feront fupplées & augmentées iufques à la fomme de quatre cens liures, commençant par les plus anciens, lors que quelques Religieux viendront à deceder, pour iouïr defdites penfions par lefdits Religieux Profex, fouz le bon plaifir de leur dit Prieur ancien, & s'en fubuenir en toutes leurs neceffitez, lefquelles leurs feront payées par chacun an, par aduance, en quatre termes égaux, lefdites penfions franches & liquides, & non fuiettes à aucunes charges, telles qu'elles puiffent eftre, & fouz quelque nom ou pretexte qu'elles puiffent eftre conceuës.

XVI.

S'il aduient que quelqu'vn defdits Religieux Profex foient cy-aprés pourueuz de quelque benefice, autre que de ceux qui font affeôtez & vnis à ladite Menfe conuentuelle, ils pourront aller refider fur lefdits benefices, & les deferuir, & neantmoins ne laifferont de iouyr de leurs penfions monachales : comme pareillement ceux defdits Religienx Profex qui iront demeurer en quelqu'vn des Monafteres de la Congregation Chefalbenoift, aufquels auffi fera payé à chacun par chacun an la mefme penfion, dont ils ioüiront comme s'ils demeuroient en ladite Abbaye de fainôt Germain des prez : ne pourront toutesfois lefdits Religieux Profex eftre contrains de refigner, ou permuter leurfdites penfions monachales, ny auffi de fortir de ladite Abbaye de fainôt Germain des prez, pour aller demeurer aux autres lieux: Mais quant aux offices & benefices de fices de ladite Abbaye qui ont esté cy deuant, & seront encores affectez & vnis à ladite Mense conuentuelle, ils demeureront dés à present, & à perpetuité, vnis & affectez, comme ils ont esté cy deuant.

XVII.

Payeront d'abondant lesdits Peres de la Congregation de sainct Maur, toutes les debtes qui sont deuës par ladite Mense conuentuelle de sainct Germain, & qui auront esté valablement créez par les Officiers Religieux dudit lieu, que lesdits Peres de la Congregation entreront en iouyssance de ladite Mense conuentuelle, desquelles debtes leur sera deliuré estat incontinent aprés leur establissement : comme aussi ce qui est deu à ladite Mense conuentuelle, leur appartiendra : ensemble les prouisions du vin, grain, & autres choses qui se trouueront dedans & dehors ladite Abbaye, lors de leur entrée : & ne sera obligé ledit Seigneur Abbé, de leur bailler aucun meuble ou vstencille : entretiendront les bastimens, tant dudit Monastere, qu'appartenances : & mesme ceux où seront logez en ladite Abbaye lesdits Religieux Profex, & payeront toutes les charges dont ladite Mense conuentuelle est chargée, le tout au desir des susdits Concordats, & payeront encore les gages de Medecin, Chirurgien, Blanchisseur, qui seruiront tant lesdits Peres, que lesdits Religieux Profex, le tout sans diminution des pensions susdites.

XVIII.

Si quelqu'vn des Religieux Profex de ladite Abbaye tomboit en si grande infirmité de maladie, que leurs pensions ne fussent suffisantes de les subuenir, lesquels Peres en ce cas augmenteront les pensions desdits malades, ou bien se chargeront d'auoir soin d'eux durant leur maladie seulement, lesquels malades à cét effect abandonneront leursdites pensions ausdits Peres, qui les traicteront auec la charité que requiert le glorieux Pere S. Benoist en sa Reigle.

XIX.

Quand il plaira à Dieu de disposer desdits Religieux Profex dudit sainct Germain, & quand quelqu'vn d'iceux decedera, ou fera profession en ladite Congregation de sainct Maur, la pension dont il iouyssoit demeurera esteinte, au profit desdits Peres de ladite Congregation. Aprés que les pensions des Religieux de chœur, lesquelles ne sont à present qu'à trois cens cinquante liures, seront augmentées iusques à la somme de quatre cens liures, suiuant le precedant Article quinziesme : Et seront lesdits Peres les enterremens & funeralles desdits Religieux Profex decedez, auec pareille quantité de prieres, aumosnes, & ceremonies qu'ils ont accoustumé de faire pour ceux de ladite Congregation de sainct Maur, & en tous les Monasteres qui sont à present, & seront cy-aprés de ladite Congregation: chacun Religieux celebrera trois Messes pour chacun desdits Religieux Profex dudit sainct Germain, quand ils seront decedez, & les non Prestres leurs prieres accoustumées, & seront leurs noms escrits aux liures des Obits dudit sainct Germain.

Le present Concordat sera homologué, tant en Cour de Rome, si besoin est, que par tout ailleurs où besoin sera, aux fraiz desdits Peres de ladite Congregation: Pour lesquelles homologations requerir, lesdits Peres constituent leur Procureur irreuocable le porteur des presentes, ausquels, ou à l'vn d'iceux, ils donnent tout pouuoir de faire tout ce qui est necessaire : car ainsi le tout a esté accordé entre lesdites parties, en faisant & passant les present, qui autrement n'eussent esté fait : Promettant, obligeant chacun en droict soy, renonçant. Faict & passé au Chasteau de sainct Germain Desprez les Paris, l'an mil six cens trente, le Samedy septiesme iour de Decembre aprés midy, & ont signé la minutte des presentes demeurées pardeuers & en la possession de Poncet, l'vn des Notaires, soubs-signez, qui a expedié ces presentes.

Collationné à l'original par nous Notaires Royaux, soubs-signez

Faict ce iour de   *mil six cens trente-six.*

ARREST DV CON-

SEIL PRIVE' DV ROY EN
reglement de Iuges, pour vuider & termi-
ner les oppositions à l'homologation du fufdit Concordat.

EXTRAICT DES REGISTRES
du Conseil Priué du Roy.

ENTRE les Supérieurs & Religieux Benedictins
de la Congregation de fainct Maur, foy difants
eftablis en l'Abbaye de S. Germain Defprez, demandeurs en lettres du dix-neufiefme Auril mil
fix cens trente & vn, d'vne part : Et Frere An-
thoine Bonjan, Nicolas Daminois, René Hotton, Religieux
Profex en ladite Abbaye, & le Syndic de la Congregation de
Chefalbenoift, deffendeurs, d'autre : Sans que les qualitez
puiffent nuire ny prejudicier aufdites parties. VEV par le Roy
en fon Confeil coppie des lettres du dix-neufiefme Auril mil
fix cens trente & vn, tendantes à ce que pour le conflit de iurifdiction d'entre le Parlement de Paris, de cognoiftre du dif-
ferend defdites parties. Exploict d'affignation donné audit
Confeil aux deffendeurs, du vingt-cinquiefme dudit mois.
Appoinctement en droict pris entre lefdites parties, du quin-
ziefme Iuillet dernier, contenant la declaration defdits deffendeurs, qu'encores qu'ils foient tres-bien fondez à requerir
le renuoy audit Parlement de Paris, de l'inftance d'appel comme d'abus par eux interjecté de l'intrufion des demandeurs en
la maifon & Abbaye fainct Germain Defprez, & releué en ladite Cour, feule competante de cognoiftre defdites appellations, neantmoins pour faire voir que leur caufe eft fi jufte &
fi bonne, que tous Iuges leur doiuent eftre indifferends, &
afin d'ofter tout fubject à leur parties d'en doubter, confen-

cent de proceder audit Grand Conſeil, à condition toutesfois
que les procedures faiĉtes en iceluy pendant le conflit de iuriſ-
diĉtion ne pourront nuire ny prejudicier aux deffendeurs: ouy
le rapport du Commiſſaire à ce deputé: Et tout conſideré. LE
ROY EN SON CONSEIL, faiſant droiĉt ſur ladite inſtance, A renuoyé & renuoye leſdites parties audit Grand Conſeil, pour y proceder entre elles ſur leurs procés & differends,
circonſtances & dependances, ſans que les procedures faiĉtes
tant audit Parlement, que Grand Conſeil, puiſſe nuire ny
prejudicier auſdites parties, deſpens reſeruez. Faiĉt au Conſeil Priué du Roy, tenu à ſainĉt Germain en Laye, ce dix-
huiĉtieſme Iuillet mil ſix cens trente vn.
Signé,   CARRE'.

Collationné à l'original par nous Notaires Royaux, ſoubs-
ſignez
Faiĉt ce iour de   mil ſix cens trente-ſix.

ARREST DV GRAND

CONSEIL DV ROY DONNE' EN
conſequence du precedent Arreſt du Priué
Conſeil pour reglement de Iuges, par lequel
les Religieux de la Congregation de Cheſalbenoiſt ſont reintegrez en leur Abbaye de
ſainct Germain Deſprez, & eſt fait commandement aux Peres de la Congregation de
ſainct Maur qui y ſont à preſent, d'en vuider
en vingt-quatre heures.

EXTRAICT DES REGISTRES
du Grand Conſeil du Roy.

Ntre les Religieux & Scyndic de la Congregation de Cheſalbenoiſt oppoſans à l'intruſion faicte par les Religieux de la Congregation de S.
Maur en l'Abbaye de ſainct Germain Deſprez
lez Paris de ladite Congregation de Cheſalbenoiſt le douzieſme Fevrier dernier, au prejudice de l'Arreſt
donné au Parlement de Paris ledit iour, & deffenſes faictes
par iceluy, appellans comme d'abus de ladite intruſion, demandeurs & requerans eſtre rejntegrez en la poſſeſſion en laquelle ils eſtoient auparauant ladite intruſion, ce faiſant, que
leſdits Religieux de ladite Congregatió de ſainct Maur ſoient
mis hors de ladite Abbaye, & les Religieux, Prieur, Soubs-
Prieur, & autres Religieux dudit S. Germain de ladite Congregation de Cheſalbenoiſt remis en icelle, pour faire leurs
fonctions & charges ſelon la Regle & Statuts de ladite Congregation de Cheſalbenoiſt, d'vne part : Et les Religieux de
la Congregation de ſainct Maur, ſoy diſans eſtablis en ladite

Abbaye de ſainƈ Germain Deſprez, deffendeurs eſdites oppoſitions, reintegrande, & inthimez audit áppel, d'autre : Et
encores Meſſire Henry de Bourbon, Eueſque de Mets, Prince du ſainƈ Empire, Marquis de Vernueïl, Abbé de ladite
Abbaye de ſainƈ Germain Deſprez, & des Abbayes de Bonport, de Thiron, & des Vaulx de Cernay : Freres Claude Cotton, du Ruble, & autres Religieux de ladite Abbaye de ſainƈ
Germain Deſprez compris au Concordat faiƈ entre leſdits
ſieur Abbé & leſdits Religieux de ſainƈ Maur interuenus &
receus parties audit procés, d'autre. Aprés que Camus pour
leſdits Religieux & Scyndic de ladite Congregation de Cheſalbenoiſt a requis deffaut à l'encontre deſdits Religieux de la
Congregation de ſainƈ Maur, le ſieur Abbé de ladite Abbaye, & autres, à faute de vouloir plaider ſuiuant les adue-
nirs des vingt-vn, vingt-ſixieſme, & vingt-huiƈieſme du
mois d'Aouſt dernier, & neufieſme du preſent mois, Et pour
le profit d'iceluy les fins & concluſions deſdits Religieux
& Scyndic de ladite Congregation de Cheſalbenoiſt leur
ſoient faiƈtes & adjugées : Et que de ſainƈte Marthe pour le
ſieur Eueſque de Mets, Abbé dudit ſainƈ Germain Deſprez,
a diƈt, que ledit ſieur eſt interuenu, & a eſté receu partie en
ceſte inſtance, comme y ayant le principal intereſt : mais
eſtant grandement malade, comme l'on ſçait, & qu'il eſt no-
toire que l'on n'a peu tirer les pieces qu'il a pardeuers luy, &
qui ſeruent à ceſte cauſe, qui eſt de tres-grande importance,
& en laquelle les appellans n'ont communiqué aucunes pieces, eſtant faux ce que l'on diƈt de l'intruſion auſſi bien que les
Bulles de pretendu eſtabliſſement des appellans, contre leſquelles il y a inſcription en faux : C'eſt pourquoy ceſte cauſe
n'eſtant en eſtat d'eſtre plaidée, ledit de ſainƈte Marthe ſupplie
le Conſeil de la remettre à quinzaine, & cependant ordonner
que les parties ſe communiqueront les pieces dont elles entendent s'ayder. Girard pour leſdits Religieux d'icelle Abbaye compris audit Concordat fait entre ledit Abbé de ſainƈ
Germain & leſdits Religieux de ladite Congregation de ſainƈ
Maur, a faiƈt pareille remonſtrance, & diƈt ne pouuoir plaider que l'on ne luy ayt communiqué, Et que Bauldry pour
leſdits Religieux de ladite Congregation de ſainƈ Maur a dir,

que l'on luy communiqua hyer seulement quantité de pieces qu'il n'a peu encores voir, & ne peut plaider à present, suppliant le Conseil remettre la cause au premier iour, n'estant veritable ce que l'on dit de l'intrusion, ayans lesdits Religieux de la Congregation de sainct Maur esté establis en vertu d'vn Arrest dudit Conseil, par deux Conseillers d'iceluy, & sans aucune force ny violence : Et par ledit Camus en replique a esté dict, que l'inscription faicte & signifiée de la part desdits Religieux de sainct Maur depuis l'audience ouuerte & la cause appellée est temeraire, & seulement ouuerte à l'effect de fuyr, qu'il est veritable que les Religieux de ladite Abbaye de sainct Germain Desprez sont de la Congregation de Chesalbenoist dés l'année mil cinq cens seize, qu'il se void par les pieces communiquées, que dés l'année mil cinq cens vingt & autres suiuans, il s'est tenu des Chapitres Generaux en ladite Abbaye, Les fuittes & longueurs que les inthimez apportent estant mal seant & déraisonnable, s'estans emparez de leur authorité priuée de ladite Abbaye, de laquelle faisant droict sur ladite reintegrande lesdits Religieux de sainct Maur doiuent sortir auec ceux qui se disent aggregez à eux, sans neantmoins par lesdits appellans approuuer ladite aggegation, & aux protestations de pouuoir poursuiure lesdits Religieux pretendus aggregez de rentrer en ladite Abbaye de sainct Germain Desprez & Congregation de Chesalbenoist. LE CONSEIL a ordonné & ordonne que les parties plaideront, lesdits de saincte Marthe & Girard ont dict ne pouuoir plaider, ne leur ayant esté communiqué, Ledit Camus a requis deffaut, & pour le profit, que ses fins & conclusions luy soient adiugées, Et que de Fourcroy pour le Procureur General a esté ouy. LE CONSEIL a donné & donne deffaut ausdits Religieux & Scyndic de la Congregation de Chesalbenoist à l'encontre dudit de Bourbon, desdits Religieux de sainct Maur & desdits Religieux aggregez à ladite Congregation de sainct Maur en presence de leurs Aduocats & Procureurs apres leur declaration, & pour le profit d'iceluy faisant droict sur ladite reintegrande ayant esgard aux conclusions du Procureur general du Roy, A ordonné & ordonne que lesdits Religieux de la Congregation de Chesalbenoist seront remis & reintegrez en ladite Abbaye de sainct Germain Desprez, pour y viure en communauté, & obseruer l'ordre & discipline Monastique selon leur regle & statuts de ladite Congregation, & seront tenus lesdits Religieux de sainct Maur de se retirer & sortir de ladite maison dans vingt-quatre heures, sans prejudice du droict des parties au principal, sur lequel elles viendront plaider à quinzaine, Et ordonne ledit Conseil que le present Arrest sera executé par Maistres Louys Huault & Claude Marcel Conseillers audit Conseil, lesquels à ceste fin ledit Conseil a commis & commet. Faict audit Conseil à Paris, le vnziesme iour de Septembre mil six cens trente -vn.

Signé,   COLLIER.

Collationné à l'original par nous Notaires Royaux soubs-signez

Faict ce iour de   mil six cens trente-six.

COPPIE

LETTRE ESCRITE A MONSIEVR
de Grand-Champ, Grand Audiencier,
& Conseiller du Roy.

Par le Pere Iacques Mercier, à present Abbé de sainct
Vincent du Mans.

*Par laquelle il tesmoigne comme la Congregation reformée
de Chesal-Benoist a heureusement subsisté en la vraye
observance de leur profession & regle depuis l'an mil
quatre vingt huict iusques à presens ; Et fait voir
comme le procedé des Peres de Sainct Maur est cruel,
de vouloir enuahir les Abbayes de ladite Congregation
reformée de Chesal-Benoist.*

MONSIEVR, I'ay reçeu celle dont il vous a pleu m'honorer, & loüé noftre bon Dieu de voftre heureux retour en bonne fanté, Pour l'affaire dont m'auez escrit, Monsieur, i'ay communiqué ce que m'en auez mandé, aux deux denommez en la voftre : ce que ie n'euffe ofé entreprendre si ne leur en euffiez escrit vous mesme, à raison que tout le procedé que les Peres de Sainct Maur tiennent, à nous ofter nos maisons, est si cruel, que personnes des noftres ne le peut approuuer. Le Reuerend Pere Richer m'a promis de vous en faire responfe, pour rendre à ceux qui vous ont parlé. Or,

c

Monſieur, mon ſentiment en mon particulier eſt, que
leſdits Peres de Sainct Maur auroient pluſtoſt fait, puiſque leur deſſein n'eſt d'aſſouuir leur ambition en l'vſurpa-
tion de nos biens & nos maiſons, d'enuoyer vne compagnie de gens d'armes, qui en vne ſeule nuict nous cou-
peroient la gorge à ce que nous ſommes de Religieux
ceans, & cela fait ils ne trouueroient plus aucune reſiſtance, portes ouuertes & maiſon preſte à les loger, ce ſeroit
la voye la plus prompte pour eux, puis qu'ils en ſont
tant affamez, & la plus douce pour nous pour ne leur
eſtre ſubiets, ny penſionnaires; auſſi bien ne ceſſeront ils
iamais de nous trauerſer, & de nous ſuſciter des pratiques,
comme ils ont fait à ſainct Germain, à fin de nous ruiner en noſtre reputation & credit, en nos biens, & en noſtre paix que ie priſe plus que toute autre choſe, & puis
toutes leurs entrepriſes eſtans couuertes du voile de reformation, qui eſt ſpecieux & brillant comme l'or, ils ont
ceſte croyance qu'ils ſeroient lauez du tout, & que ce ſeroit
vn beau ſacrifice fait à Dieu.

Monſieur, vous me permettrez de vous dire que noſtre Maiſon & qui eſt voſtre auſſi, a touſiours eſté fournie
de quantité de bons & honorables, & vertueux Religieux,
& crois ne faire point tort aux Peres de ſainct Maur, ſi ie
dis qu'à preſent de l'heure que ie parle, il y en a plus ceans
qu'il n'y en a en dix de leurs Maiſons. Nous ſçauons aſſez de
quel bois ils ſe chauffent, comme l'on dit, & combien de
miracles ils font par chacun iour. Or que nos Religieux,
qui ont veſcu dans l'obſeruance ſans proprieté, & dans
l'honneur deuant le monde, aillent prendre des penſions
pour viure en bandouliers & en coquins, ce n'eſt pas honneur aux Peres de ſainct Maur de leur faire ceſte offre in-
digne de la qualité qu'ils portent : & nos Religieux éli-
roient auſſi toſt la mort, que l'offre propoſée. Pour moy,
Monſieur, il faut que ie confeſſe que pluſtoſt i'yrois men-
dier mon pain tout le reſte de mes iours de porte en porte,
que de vendre ma part de Paradis, & le peu de reputation
que Dieu m'a donné en ceſte vie ſans mon merite, pour

vne penfion, fuſt elle de cent mille eſcus par an. C'eſt à
des canailles, ou à des bandouliers qui ſe trouuent en d'autres Maiſons, qui ne ſont ſous Congregation, que ces bons
Peres ſe doiuent addreſſer, pour y planter la reforme &
la foy, & s'ils ont tant de zele, que ne ſuiuent ils cette voye
ſans s'addreſſer à noſtre Congregation, qui a bien & heureu-
ment ſubſiſté par la grace de Dieu, ſous la protection de nos
Rois tres Chreſtiens, depuis l'an mil quatre cens quatre-
vingt huict iuſqu'à preſent, pendant les efforts & violences de tant de mauuais temps qui a coulé pendant tant
d'années ?

Au ſurplus, Monſieur, qu'auons nous fait ? quelle diffor-
mation y a il en nos deportemens ? ſommes nous refractaires
de nos vœux de Chaſteté, d'obedience, & de pauureté ? c'eſt
là en quoy conſiſte l'eſſence de noſtre Religion, & de noſtre
profeſſion. Apres noſtre reuenu eſt-il employé en débauches,
en bonne chere, en habits mondains ou ſuperflus, ou en
autre excez qui ſoit ſuiet à reproche ? cela ne ſe trouuerra iamais : & ſi on en a de la défiance, que l'on enuoye des Commiſſaires ſeculiers ou reguliers ſur les lieux, pour en connoi-
ſtre, & puis apres que l'on nous enuoye honteuſement aux
galeres : mais où eſt eſcrite vne loy, qu'il ſoit permis de iuger
ſans vne bonne information, & ſans auoir entendu le criminel par ſa bouche.

Les Peres de ſainct Maur confeſſent qu'il y a encores de
l'exterieur parmy nous & en nos Maiſons, mais point d'interieur, & que c'eſt donc pour cet interieur qu'ils nous veulent reformer. Voylà deſja vn bel effet de leur reformation, de iuger mal de leur prochain, & puis en ont-ils eu
reuelation ? Et enfin à quoy peut on iuger de l'interieur d'vn
homme, ſi ce n'eſt par ſon exterieur ? eſt-ce pas le viſage mo-
deſte qui eſt le miroir du cœur, les paroles diſcrettes & mode-
ſtes, ſont-ce pas les marques d'vn interieur bien tempere ?
Puiſque donc ils accordent que nous auons vn beau exterieur, pourquoy nous veulent-ils reformer en l'interieur, où
eux meſmes ne connoiſſent rien ?

Monſieur, ie n'aurois iamais fait, & ſerois importun à vos

oreilles, s'il falloit m'estendre sur toutes les friuoles raisons qu'ils mettent en auant, & auec lesquelles ils gagnent ces personnes qui vous en ont entretenu, pour nous faire la guerre, & pour ruiner cette vostre Maison, à laquelle ils ne pardonneront iamais, ou qu'ils ne l'ayent emportée de haute lutte & artificieuse, ou bien qu'ils ne l'ayent fait tomber en commande, dont nostre bon Dieu nous vueille preseruer, vous offrant vostre maison en qualité de

MONSIEVR,

En vostre Maison de S. Vincens,
ce 28. Decembre 1631.

Vostre affectionné seruiteur
F. I. MERCIER.

ACTE CAPITVLAIRE PASSE' AV

Chapitre de l'Abbaye de S. Vincent du Mans, tous les Religieux, Abbé, Prieur & Conuent assemblez en iceluy Chapitre, par lequel acte lesdits Religieux declarent entre autres choses auoir tousiours vescu en la vraye obseruance des statuts, constitutions & reformation de la Congregation de Chesalbenoist, à laquelle Congregation ladite Abbaye de S. Vincens est vnie & incorporée depuis l'an mil cinq cens vnze, iceluy acte passé audit Chapitre pardeuant Maistres Jacques Gaultier & Barnabé Dauoust Notaires Royaux le 9. Ianuier 1632.

DV neufiesme iour du mois de Ianuier l'an mil six cens trente & deux apres midy, en la Cour Royale du Mans, Pardeuant nous Iacques Gaultier, licentié és droicts, & Barnabé Dauoust, Notaires d'icelle, y demeurans, parroisse & faux bourg S. Vincent personnellement establis. Tous les venerables Religieux, Abbé & Conuent de l'Abbaye S. Vincent lez ledit le Mans, de l'ordre S. Benoist, viuans en vnion sous la reforme & côgregation de Chesalbenoist, és personnes de Reuerend Pere en Dieu Pere Iacques le Mercier Abbé venerable, Frere René Bommer Prieur Claustral, & Freres Iacques Moreau, Marin Leurard, Thomas Bordeaux, Denys le Chartier, Guillaume Richer, Charles le Maignen, Mathurin Laumailler, Pierre Hardouyneau, Nicolas Hubert, Iean Boudonnet, Robert Vetillard, Iean le Royer, Guillaume Viel, François Mousserotte, François Alton, Mathurin Fourault, René Rousseau, Nicolas Boësseau, tous Prestres: Robert Potier, Pierre Rougen, Ioseph Ribot, Michel Hatton, Pierre Michon & François Ysambart, tous deuëment congregez & assemblez au son de la cloche, à l'heure & en la maniere accoustumée au lieu Capitulaire de ladite Abbaye, pour y traitter & resoudre & deliberer des affaires vrgentes d'icelle, y demeurans: lesquels deuëment soubsmis

& pouuoir de ladite Cour, confeſſent auoir de leur franche
volonté & meurement deliberé ce qui enſuit : C'eſt à ſçauoir,
que leſdits ſieurs eſtablis, ayans ſçeu par l'aduis qui leur a eſté
donné par aucunes perſonnes de creance & de conſideration,
que pour les rendre odieux dans le Conſeil de ſa Majeſté, &
autres Cours ſouueraines, & à ce moyen leur faire prejudice
à tout l'Ordre & à ladite Congregation de Cheſalbenoiſt, dans
le procés qui eſt pendant au Grand Conſeil entre les Peres de
ladite Congregation, ſouz le nom de Reuerend Pere Iacques
le Mercier Abbé dudit S. Vincent, au nom & comme Viſiteur
general; & encores de Procureur de ladite Congregation inſti-
tué & ordõné pour agir, pourſuiure & deffendre audit procés,
contre les Religieux de la Congregation de S. Maur, l'on auoit
enuoyé & fait tóber és mains de perſonnes puiſſante des libelles diffamatoires, par le moyen & adreſſe de F. Claude Cotton
& Cyprian le Clerc, ſuppoſans à fin de les faire croire veritables, qu'ils eſtoient partis & procedoient d'aucuns deſdits Religieux eſtablis, & qu'ils ſe plaignoient qu'en ladite Abbaye de
S. Vincent il y auoit vn mauuais ordre, à cauſe de la mauuaiſe
intelligence & diuiſion qui eſtoit entre eux : Et que pour reſta-
blir en ladite Abbaye la diſcipline requiſe en leur ordre, quelques particuliers deſdits Religieux auroient deſiré voiré demandé l'aſſiſtance deſdits Religieux de S. Maur, produiſant &
ſemant en outre pluſieurs autres calomnies & ſuppoſitions
contre le general & le particulier deſdits eſtablis; leſquels pour
ſe iuſtifier & faire foy entiere de leur innocence & de la verité
contre leſdits ſuppoſez; ils ont tous vnaniment requis la pre-
ſente conuocation audit Chapitre, & faict en general & encores chacun en particulier, les declarations qu'ils ont affermées
veritables telles qui enſuiuent. Et premierement, de n'auoir
oncques eſcrit ou fait eſcrire, enuoyé ou fait enuoyer par eux
ou par perſonnes interpoſées aucuns memoires ny libelles :
En ſecond lieu, de n'auoir fait plainte de ladite pretenduë diuiſion ou mauuaiſe intelligence entre eux, n'en ayant eu iuſques
à preſent aucune cauſe : ſe loüans au contraire tous leſdits Religieux du bon ordre, vnion & concorde qui a touſiours regné
& regne entre eux, ainſi meſmes qu'il paroiſt par la procuration generalle conſtituée par tous leſdits eſtablis audit ſieur &

reuerend Pere Abbé pour pourfuiure audit procés, ladite procuration du mois de Feurier mil fix cens trente-vn & dernier:
de n'eftre en outre lefdits eftablis ou aucun d'eux entré en aucune côference ny intelligence auec lefdits Cotton & le Clerc,
ny autres Religieux ou agents defdits Religieux de S. Maur, ou
autres pour eux & de leur part, verballement ou par efcrit, par
eux ny par perfonnes interpofées ; Et encor moins fouhaitté
ny defiré leur inftallation dans leurdite Abbaye ou audit Ordre & Congregation de Chefalbenoift, dont la fubfiftence ne
requiert autre maintien que de leurs Superieurs, foubs l'obedience & conduitte defquels lefdits eftablis declarent auoir
toufiours vefcu iufques à prefent en la vraye obferuation, &
felon les ftatuts & conftitutions de leurdit Ordre, Reformation & Congregation de Chefalbenoift. Et là où leurs ennemis
auroient fuppofé des efcrits & memoires au contraire, lefdits
eftablis ont protefté & proteftent par ces prefentes de fy pouruoir pour en auoir reparation par les voyes de droiçt contre
les impofteurs en temps & lieu ; Et pour faire la perquifion &
defcouuerte defdites fuppofitions, lefdits eftablis ont auffi concordamment inftitué & ordôné, & par ces prefentes inftituent
& ordonnent venerable Frere Zacharie Regnault, auffi Preftre, l'vn d'eux, & à prefent eftant à Paris pour la pourfuitte
des procés & affaires de ladite Congregation de Chefalbenoift
leur Procureur, auquel ils ont donné & donnent plain pouuoir
& mandement de faire toutes diligences requifes pour la iufti-
fication defdites calomnies & fuppofitions, dont & defquelles
declarations cy deffus, tous lefdits fieurs Religieux nous ont
requis le prefent acte, que leur auons octroyé pour leur feruir
& valoir ce que de raifon. Faict & attefté audit Chapitre de ladite Abbaye lefdits iour & an, & font tous lefdits fieurs Religieux fignez en la minutte des prefentes auec nous Notaires
fufdits, laquelle minutte eft demeurée vers nous Gaultier.

ET le Samedy dixiefme iour dudit mois de Ianuier mil fix
cens trente-deux apres midy, deuant nous Gaultier Notaire fufdit & fouffigné, ont efté prefens chacuns des venerables Peres Frere Matthieu Chimbalu, Preftre, Prieur Clauftral de Noftre Dame de Tuffé, membre vny & dependant

de l'Abbaye de sainct Vincent , Nicolas Prudhommeau,
Iean Noel , Pierre Moullay , Noel Iarry , & Pierre Rousseau,
aussi tous Prestres, Religieux Profez en ladite Abbaye,& à
present residens & demeurans audit Prieuré de Tuffé : & capitulairement conuocquez sur les faicts contenus en l'acte cy-
dessus , arresté deuant nous Notaire susdit , & Barnabé Dauoust aussi Notaire en cette Cour Royalle du Mans ,du iour
d'hier : ont declaré ainsi que les autres Religieux de ladite
Abbaye, de n'auoir escrit ny enuoyé par eux ou par personnes interposées aucuns memoires ny libelles, pour prejudicier au procés pendant deuant Nosseigneurs du Grand Conseil , entre le General de ladite Congregation de Chesalbenoist, & lesdits Religieux de S. Maur ; De n'auoir en outre eu
auec lesdits Religieux de S. Maur aucune conference , & encores moins souhaitté leur installation en ladite Congregation de Chesalbenoist ; & n'estre aussi veritable qu'il y aye
entre lesdits Religieux establis aucun desordre ny diuision
qui empesche ou retarde la discipline reguliere : au contraire
insistent lesdits establis , en la deputation faicte dudit Reuerend Pere Abbé dudit sainct Vincent , pour poursuiure & agir
audit procés contre lesdits Religieux de sainct Maur ; Consti-
tuant pareillement venerable Zacharie Regnault l'vn desdits
Religieux , & estant de present à Paris à la conduitte des affaires de ladite Congregation , pour faire exacte perquisition
desdites calomnies , & poursuiure par toutes voyes de Iustice
la reparation contre lesdits imposteurs : dont & de tout ce que
dessus lesdits sieurs establis nous ont requis le present acte,que
leur auons octroyé pour leur seruir & valoir ce que de raison.
Faict & attesté audit Prieuré de Tuffé és presences de Louys
Courtin sieur de la Courtillere , maistre Apothicaire, demeurant à la Ferté Bernard , & Bertran Pouget sergent demeurant
audit lieu de Tuffé, tesmoins à ce requis & appellez Et sont
tous lesdits sieurs Religieux & presens signez en la minutte
des presentes auecques nous.

COPPIE DV CON-
cordat du Pere Iac-
ques Mercier, Abbé
de l'Abbaye S. Vin-
cent du Mans, les abus
& absurditez duquel
sont marquées és mar-
ges d'iceluy.

ÇACHENT A tous presens & aduenir, que du vingt-deuxiesme iour de Iannier l'an mil six cens trentetrois apres midy, pardeuant nous Gabriel Diets & René Bizeray, Notaires Royaux au Mans, y demeurans & residens, Furent presens en leurs personnes Reuerends Peres en Dieu Pere Iacques Mercier, Abbé de l'Abbaye de sainct Vincent lez le Mans, Ordre de S. Benoist, Diocese du Mans, & Iean Bondónet, Religieux, *B* Procureur & Celerier de ladite Abbaye, tant en leurs noms, que comme ayans charge & se faisans fort de la plus grande & saine partie de tous les autres Religieux profex de ladite Abaye, ausquels *C* ils ont promis & promettent faire ratifier

A Ces deux Notaires sont les deux Clercs du frere du Pere Bondonnet, & non les ordinaires Officiers de sainct Vincent, qui fait voir la tromperie des stipulans: Aussi ce present Concordat fut-il passé clandestinement, & de nuict.

B Qualité de Celerier pour receuoir le reuenu du Monastere & non pour s'en seruir à contracter au preiudice de la maison.

C Ils ne font paroistre de la charge & pouuoir, par consequent faussett.

D *Il n'est plus que pensionnaire de S.
Germain, point Religieux de ladite
maison.*

E *Il n'apparoist de son pouuoir pour
contracter, non plus que de son obedience pour se transporter au Mans,
où il est allé au deceu de son Superieur,
par consequent fugitif.*

F *Il se verifiera l'obseruace estre aussi
exacte dans la maison de sainct Vincent, qu'elle a esté auparauant mesme
les guerres ciuilles, & que ce n'a esté
que la crainte d'auoir vn successeur
contraire à ses intentions, & la liberté qui a porté l'esprit des Peres Mercier & Bondonnet à transiger, & non
le zele non plus que le Pere Coton qui
est liberé de la rigueur & austerité de
sa regle & constitutions de la congregation de Chesalbenoist.*
G *Pere Mercier & Pere Coton ad-
nouent l'institution & eslection de la
congregation de Chesalbenoist auoir
esté faite par approbation des Papes &
des Roys, & par consequent legitimement & canoniquement instituée.*

H *Si les Abbayes sont soubsmises au*

ces presentes, & en fournir
acte particuliere dans quinze
iours prochains, d'vne-part: Et
Reuerend Pere en Dieu Claude Coton, D Religieux de
l'Abbaye S. Germain Desprez
lez Paris, estant de present en
ceste ville du mans, pour & au
E nom des Reuerends Peres
Superieur, General, Assistans,
Visiteur, & autres Superieurs
de la Congregation de sainct
maur, ausquels il a promis faire ratifier & auoir aggreable
le contenu cy dessus, & en
fournir aussi acte dans pareil
temps de quinze iours, d'autre: Lesquelles parties, mesme
lesdits Reuerends Peres Mercier & Bondonet ont dit F que
la pieté & exacte Obseruance
qui estoit autresfois en ladite
Abbaye de sainct Vincent, auroit esté cause, que tant nos
saincts Peres les papes, que nos
Roys Tres-Chrestiens luy auroient concedé plusieurs beaux
& grands priuileges, entre autres G le pape Leon dixiesme à
l'instance & poursuitte du Roy
Tres-Chrestien François premier, auroit tant de ladite Abbaye, que des Abbayes de Chesalbenoist, sainct Sulpice lez
Bourges, sainct Allire lez Clermont, & sainct Martin lez
Seez, faict vn corps de Congregation H soubs le nom de

Chefalbenoift au Chapitre general & Vifiteurs , de laquelle
il auroit foubfmis les Abbez &
Conuent defdites Abbayes de
la façon qu'ils eft porté par les
Bulles dudit Pape Leon ,don-
nées à Rome aux Calendes de
Decembre , en l'an mil cinq
cens feize , verifiées à condition de iouyr par les Abbez &
Conuent defdites Abbayes, du
contenu efdites Bulles, tant &
fi longuement que la reformation *I* eftablie dureroit,laquel-
le condition fut tres-fagement
appofée à ladite verification , à
fin que venant à defaillir la reformation qui auroit caufé l'v-
nion defdites Abbayes , elle y
peuft eftre reftablie par autre
vnion d'icelles à autres Congregations reformées , quand
le cas y efcherroit depuis lequel temps il eft arriué ,foit par
le mal-heur des guerres ciuilles , foit autrement que ladite
K reformation qui eftoit aufdites Abbayes , s'eft grandement relafchée , & de telle forte , quoy qu'ayant peu faire
quelques-vns des Religieux de
ladite Congregation , aufquels
eftoit encore refté quelque zé-
le , fi *L* n'ont-ils peu remedier
à cefte grande relafche , ny empefcher qu'elle n'allaft toujours
de plus en plus dans le mal : ce
que confiderant lefdits Abbé

*Chapitre general & Vifiteurs , abufi-
uement ledit Pere Mercier a il defvny
la fienne au preiudice dudit Chapitre
general qui luy a conferé ladite Abbaye.*

*I Pere Mercier fait icy vn & cætera,
d'autant qu'à la caufe qui parle de la
reformation il y en a vne autre iointe
qui fubfifte , quand bien la precedente
ne fubfifteroit il fuffiroit : mais les Peres de la congregation de Chefalbenoift
entendent prouuer la reformation eftre
entiere dans leurs maifons,ce que ledit
Pere Mercier confeffe & protefte dans
fes lettres & acte capitulaire qu'il a
fait reduire par efcript par Notaires
Royaux peu auparauant qu'il chan-
geaft le bon deffein qu'il a eu long-
temps de ne fe defvnir de fa congregation.*

*K Faux pretexte du Pere Mercier pour
vendre fa maifon , & auec vne belle
apparence de pieté fe perpetuer Abbé,
& fe redimer de la rigueur de fes
vœux & obferuances regulieres.*

*L Le zele du pere Mercier a efté en la
bouche , & non en fes actions ny au
cœur , lequel eft irrité contre la congregation depuis fa difgrace , au Chapitre general de l'année 1632. où il fut
allegué chofes contre luy qui meritoient
depofition.*

M _Le pere Mercier en soy & au pere
Bondonnet comprend tous les religieux
de sainct Vincent._
N _Il fait entendre qu'il veut reformer
les Religieux, & au contraire, par la
suitte de ce concordat appert tout clairement qu'il les difforme & desreigle,
les chassant du cloistre & des lieux reguliers, & les rendant proprietaires._
O _Non pour les imiter, ains pour aller
viure en leurs Prieurez._
P _Cela n'empesche pas que la congregation de Chesalbenoist ne subsiste dans
l'obseruation de sa reforme, comme tesmoigne toute la ville du Mans pour
l'Abbaye de sainct Vincent, & conse-
quemment qu'elle ne merite d'estre per-
petuée en ses maisons._
Q _Le chef de sainct Vincent est le Chapitre general de la congregatiõ de Chesalbenoist, & tous les Religieux d'icelle congregation en font les membres,
comme des autres maisons d'icelle con-
gregation._
R _Les lettres du pere Mercier, dont
il y en a vne imprimée le contredisent,
& font voir sa suppositiõ & feintise, &
ensemble le pretexte de pieux desseins._
S _Comment les Peres de sainct Maur
donneroient-ils des Superieurs pour S.
Vincent, veu qu'on ne leur entend dire
tous les iours autre chose, sinon qu'ils
manquent d'hommes pour regir & gouuerner les maisons qu'ils ont à present,
estant mesmes contraincts de se seruir
de quelques Apostats & fugitifs de la
congregation de Chesalbenoist, qui pour
couurir leurs crimes se sont retirez dedans ladite congregation de S. Maur?_
T _Pouuoir pour s'aggreger les maisons
difformes, & dans lesquelles il n'y a
aucun ordre, & non pas celles qui sont
soubs des Congregations reglées, telles
entreprises leur estant mesme deffen-_

M & Religieux de sainct Vincent, N & craignant qu'à la fin
le mal qui estoit en ladite Congregation y causast vn debris si
grand & violent, qu'il n'appor-
tast auecque soy la ruine totale
de ladite Abbaye, ils auroient
resolu d'y obuier, & remedier
à leur possible :. & pour cét effect auroient O jetté leurs yeux
sur la Congregation de sainct
Maur, P comme estant celle
de France qui est la plus reformée, & en laquelle s'obserue
plus exactement la Reigle du
glorieux Pere sainct Benoist,
afin que ladite Abbaye de sainct
Vincent Q fust vnie & aggre-
gée, tant au chef, que aux membres : & pour paruenir a leurs
pieux desseins, ils R auroient
par plusieurs fois prié quelques
Superieurs de ladite Congregation d'y vouloir S entendre,
à quoy aussi aprés en auoir esté
priez par plusieurs personnes
notables & de grande conside-
ration, ils y auroient en fin
cõdescendus, soubs le bon plaisir toutesfois de nostre sainct
Pere le Pape, & de nostre Roy
Tres-Chrestien: pour ce T est
il qu'aujourd'huy datte des presentes lesdites parties és noms
& suiuant le pouuoir donné à
ladite Congregation de sainct
Maur par nos saincts Peres les
Papes, & Lettres patentes du

Roy noſtre Sire , ont faict &
font par ces preſentes les traictez accordez & conuentions
qui s'enſuiuent.

PREMIEREMENT, V que
ladite Abbaye de ſainct Vincent lez Mans , auecques les
Prieurez, Chapelles, Offices,
Benefices , reuenus & poſſeſſions quelsconques qui dependent & ſont à preſent tenus par
les Religieux Profex d'icelle
X ſera dés maintenant & à
l'aduenir & à perpetuité vnie &
incorporée à la Congregation
de ſainct Maur , ſans aucune
diminution des franchiſes, priuileges & prerogatifs dont elle
iouyſſoit Y ſoubs & à cauſe de
ladite Congregation de Cheſalbenoiſt , appartiendra au Chapitre general de ladite Congregation de ſainct Maur , & hors
le Chapitre au Reuerend Pere
Superieur general d'icelle, d'enuoyer en ladite Abbaye des Viſiteurs , Superieurs , & Religieux , & y receuoir des Nouices ſi bon leur ſemble , & les
admettre à profeſſion ſuiuant
la forme & inſtitut de ladite
Congregation , ſans qu'ils y
puiſſent Z eſtre empeſchez par
les Religieux Profez d'icelle,
qui ſont à preſent , & auſquels
Superieurs deſdits Peres appartiendra la qualité d'Abbé de ladite Abbaye, de laquelle le Re-

*duës par les conſtitutions de Mont-
caſſin.*

*V C'eſt ce que les Peres de S. Maur
demandent ſeulement , ſçauoir eſt , du
reuenu , & de bonnes & riches maiſons, & refuſent les petites, où ils pourroient pour le moins autant teſmoigner
leur zele à l'imitation du Glorieux S.
Benoiſt, & des autres Inſtituteurs &
reformateurs des Ordres.*

*X Concordat ſymoniaque entant qu'il
a vendu ſadite Abbaye.*

*Y Preſumption du Pere Mercier, qui
n'eſtant qu'Adminiſtrateur ſeulement,
donne neantmoins auec le pere Bondonnet, & vend vne maiſon qui n'eſt à
luy.*

*Z Contrarietez notables en ce concor-
cordat, d'autant que le pere Mercier dit
auoir charge des Religieux de S. Vincent, d'introduire des Religieux en ceſte maiſon : & icy il ſe deffie craignant
que les Peres de la Congregation de S.
Maur ſoient empeſchez d'y entrer par
leſdits Religieux.*

AA Voila l'humilité du bon Pere qui liure dés à present la maison de sainct Vincent, se retenant la crosse, laquelle pour ses fautes luy alloit estre ostée, si la presente affaire n'estoit interuenuë.

BB Par ces clauses ledit Pere Mercier se veut rendre perpetuel Abbé, d'autant que y ayant opposition formée à Rome, le Pape n'homologra iamais ce concordat que parties ouyes : partant ledit pere Mercier iusques à la fin du procés seroit tousiours Abbé, quoy que le pere Mercier Abbé & le pere Bommer Prieur soient instituez en leurs qualitez par les Peres de Chezalbenoist, & par consequent ne puissent demeurer en ces charges plus long-temps que les priuileges portent : le Visa dudit pere Mercier estoit conforme ausdits priuileges, partant d'y demeurer dauantage, c'est abus.

CC Clause superfluë, d'autant que toutes autres personnes trouuées capables sont receuës dans ladite congregation, & specialement qu'il leur eschappe par fois d'auouër qu'ils ont faute & manque de personnes capables.

uerend Pere Mercier, à present Abbé d'icelle, se demettra purement & simplement entre les mains dudit Reuerend Pere Superieur General pour y estre pourueu par luy d'vn Religieux de ladite Congregation de S. Maur, aussi-tost que le present concordat aura esté confirmé, tant par nostre sainct Pere le Pape, que par nostre Roy tres-Chrestien: & neantmoins pour obuier à ce qu'il n'arriue quelque detriment en ladite Abbaye pendant le temps qu'on sera à obtenir lesdites Confirmations & asseurances necessaires pour l'effect du present Concordat, ledit Reuerend Pere Mercier demeurera en ladite qualité d'Abbé, *AA* & en fera les fonctions, *BB* comme aussi le Prieur qui y est à present celle de Prieur, iusques à ce que les Peres de ladite Congregation de sainct Maur soiét en reelle & actuelle possession de ladite Abbaye. Sera au choix des Religieux Profex de ladite Abbaye de sainct Vincent, d'entrer en ladite Congregation, *CC* s'ils sont trouuez capables par lesdits Peres, pour y faire au prealable leur Nouitiat auant leur profession, soit en ladite Abbaye ou autre maison à la discretion des Superieurs de ladite Congregation, ou

bien de viure ſoubs la conduite
d'iceluy entre eux , qui ſera
nommé pour *DD* leur Prieur
par le Reuerend Pere Superieur General de ladite Congregation , lequel ſera appellé
le Prieur ancien, auquel Superieur General leſdits Prieur &
Religieux Profez auront recours , ou au Viſiteur ou Viſiteurs de ladite Congregation
qui viſiteront *EE* ladite Abbaye, le tout quand beſoin ſera : & pour cét effeĉt dés à preſent, comme dés lors, le Prieur
& Religieux Profex demeureront aggregez à ladite Congregation, pour y viure ſoubs le
preſens *FF* accord. Feront
leſdits Peres de la Congregation le ſeruice & office diuin en
ladite Abbaye, ainſi qu'ils ont
accouſtumé aux autres Monaſteres de ladite Congregation,
& ſelon que le requiert la dignité de ladite Abaye, auquel
office preſidera celuy d'entre-
eux qui ſera Abé, ou autres deſdits Peres qui aura charge dudit Abbé, lequel Abbé ou autre qui preſidera , ne pourra toutesfois contraindre leſdits Religieux profez d'aſſiſter
audit office , ny eux pareille-
mēt empeſcher que ledit Abbé
n'ordonne audit office, le regle
& faſſe celebrer par les Religieux de ladite Congregation

GG Belle reforme des aggregez à la congregation de sainct Maur, qui assisteront à l'office diuin quand il leur plaira, & point du tout s'ils ne veulent.

HH Les anciens Religieux en chœur y seront comme des statuës, & ny chanteront & ne se remueront que aux signes & à la cadance peut estre d'vn ieune des Peres sainct Maur, ce qui est sans doute fort dur à plusieurs vieillars venerables dont la probité est connuë.

II Par ces clauses appert clairement de la difforme que le pere Mercier faict de ses Religieux leur faisant renoncer leurs lieux reguliers, qui est impieté, d'autant que l'element d'vn Religieux, pour garder sa reigle, est le dortoir, & le cloistre: & sortir de ces lieux, c'est desordre & irregularité.

sans y apporter par aucun chãgement, trouble, ny discord, & pourrõt *GG* lesdits Religieux profez estre dispensez de ladite assistance par ledit Prieur Ancien selon qu'il le iugera estre raisonnable. Lesdits Religieux Profez de ladite Abbaye tiendront dans l'Eglise leur rangs & sieges accoustumez, sçauoir, le haut *HH* chœur vers la nef, & leur Prieur ancien occupera la premiere chaise du costé gauche, & les Peres de la Congregation seront consecutiuement és sieges vers le grand Autel. Le Pere Abbé neantmoins à raison de la dignité Abbatialle occupera la premiere chaise du costé droit vers la nef, & sera gardé pareil ordre aux processions, & par tout ailleurs: *II* les lieux reguliers seront delaissez aux Peres de la Congregation le plustost que faire se pourra, & dés le iour qu'ils seront introduits en ladite Abbaye, seize chambres leur seront données dans le dortoir, & quatre dans les infirmeries, comme aussi leur seront donnés le chauffoir, la Sacristie, le chartulaire, l'aufmosnerie, la librairie, le refectoir, la salle des hostes, cuisines, greniers, caues, le grand clos & les iardins, dans lesquels lesdits Religieux profez

fez pourront prendre des herbes fruicts & autres chofes à
manger qui croiftront en iceux
pour leur vfage feulement.
Ceux neantmoins defdits Religieux profez qui ont des
chambres à cheminées dans
ledit dortoir, continueront
à y loger, fi bon leur femble,
& ceux qui en ont fans cheminées, auffi toft qu'ils en auront auec cheminées, foit en
ladite Abbaye, aux benefices
dont il fera parlé cy apres, les
quitteront, & cependant qu'ils
logeront dans ledit dortoir,
ils fe retireront & leueront à
heures qu'ils ne pourront incommoder les Peres de ladite
Congregation, y garderont
vn filence tres exact, & ny feront aucun bruict, KK Ceux
defdits Religieux profez qui volontairement quitteront leurs
chambres du dortoir pour loger lefdits Peres feront logez
aux hoftelleries, LL logis
Abbatial & és autres lieux,
& quand il plaira à Dieu les
appeller de ce monde, les
furuiuans fuccederont aux
logemens. Pourront lefdits
Religieux profez aller prendre leur refection au refectoir
MM commun du confente-
ment des Peres de la Congregation, & en les indemni-
fant, & à la charge qu'ils fe

contenteront des pareilles portions que celles qui seront seruies ausdits Peres, & qu'ils se comporteront en silence & auec modestie telle que le lieu le requiert. Seront tenus lesdits Peres de ladite Congregation, de mettre & remplir ladite Abbaye, dautant de Religieux que le reuenu d'icelle en pourra raisonnablement entretenir, apres toutesfois que lesdits Religieux profez de ladite Abbaye, seront decedez, ou leurs pensions esteintes, & le reuenu des benefices cy-apres declarez rapporté à la masse commune, & dés apresent y en mettront NN seize, ou plus, tant de chœur que freres laiz & commis, & augmenteront ledit nombre à mesure que celuy desdits profez diminuera, & afin que les Peres de ladite Congregation de S. Maur puissent fournir à la nourriture & entretien de ceux d'entre-eux, qu'ils enuoyeront en en ladite Abbaye aux pensions cy apres declarées à faire les aumosnes OO & autres charges accoustumées lesdits Peres Mercier & Bondonnet esdits noms, leur ont dés apresent cedé & transporté, cedent & transportent, tant le reuenu de ladite Abbaye, fruicts,

& emoluments d'icelle, tant
honoraires que vtiles, enquoy
qu'ils se consistent & puissent
consister, & sous quelques
noms qu'ils soient compris, ou
les puissent estre cy-apres. Et
neantmoins lesdites cessions
& transports, les Peres de ladite Congregation de S. Maur
seront tenus & obligez, comme ledit Cotton s'oblige &
promet esdits noms par ces
presentes, de payer ausdits
Religieux profez de ladite
Abbaye, pour leur nourriture,
vestiaire, chauffage, Medeci-
ne, & pour toutes autres choses quelconques les pensions
suiuantes. *P P* C'est à sçauoir, que ceux desdits Religieux profez, qui sont apresent titulaires des Prieurez,
Chappelles, offices & benefices reguliers despendans de
ladite Abbaye, iouyront leur
vie durant par forme de pension du reuenu desdits Prieurez, Chappelles, offices & benefices, sans que neantmoins
aucun desdits Religieux puisse
auoir & retenir plus d'vn desdits titres, *Q R* & s'il s'en
trouue quelqu'vn qui en aye
plusieurs, il s'en demettra purement & simplement entre
les mains du Pere Abbé, pour
y estre par luy pouueu comme il verra bon estre : ce qui

*PP Iniustice du Pere Mercier, qui
donne la iouyssance des Prieurez aux
Religieux, si bien que vn ieune qui aura vn bon Prieuré de deux mil liures
vaillant, quoy que libertin, iouyra de
cela pour s'en donner au cœur ioye, &
vn ancien caduque & maladif, qui aura bien seruy à la Religion, n'ayant
qu'vn Prieuré de six cens liures sera
contrainct de se contenter de cela.*

*QQ Clause apposée par P. Mercier,
qu'il est difficile d'excuser de vengean-
ce, puis que c'est contre Frere Pierre
Rousseau qui tient vn office auec son
Prieuré, & lequel Rousseau ledit pere
Mercier a tousiours resisté à cause de
la commission qu'il obtint il y a deux
ans de la Cour de Parlement contre ledit P. Mercier, pour informer sur quelques charges & fautes par luy comises.*

ne s'entend toutesfois par les Prieurez, ausquels de temps immemorial il y a vn office annexé ny pour les offices ausquels il y a vn Prieuré annexé, d'autant que tels Prieurez & offices demeureront auecque leurs annexes, comme ils sont à present, & *RR* afin que les priuileges dont iouïssoit ladite Abbaye, lors qu'elle estoit sous la Congregation de Chesalbenoist, ne soient diminuez ou alterez, lesdit Religieux titulaires ne pourront comme ils ne pouuoient alors resigner lesdits Prieurez Chappelles, offices & benefices en autre mains que celle dudit Pere Abbé de ladite Abbaye, lequel en cas de demission ou vacation, laira la iouïssance desdits benefices à ceux desdits Religieux Profez qui seront suruiuans, desquels aussi les pensions monachales demeureröt esteintes, ou partie d'icelles, si le reuenu desdits benefices n'est equipolent à la pension *SS* monachale dont ils iouysloient auparauant. Ceux desdits Religieux profez qui iouyront & seront titulaires desdits Prieurez, Chappelles, offices & benefices, pourront aller demeurer sur lesdits benefices pour les deseruir, & emporteront & feront les charges, comme

RR   Qui a declaré ladite Abbaye de sainct Vincent n'estre plus sous la congregation de Chesalbenoist.

SS   La pension monachalle non du tout exprimée en ce concordat, ce qui est fait pour tromper & abuser ceux de sainct Vincent.

de payer les decimes, procurations, penfions des Cures
& autres, & entretiendront
les baftimens à quoy ledit Pere Abbé ou autre commis,
pour luy prendra exactement
garde, mefme en feront faits
procez verbaux, lors qu'il ira
ou fera faire la visite fur lefdits benefices, afin d'y eftre
pourueu felon l'exigence des
cas. Ne pourront toutesfois
ceux defdits. Religieux qui
tiendront ou iouyront de quelqu'vn defdits benefices, inten-
ter aucun procez fans la per-
miffion dudit Pere Abbé, &
mefmes fi aucuns eftoient
meus ils luy en donneront
aduis, lequel le fera pourfuiure, fi bon luy femble, au nom
& frais de ladite Abbaye, comme y eftans les fruicts defdits
benefices vnis *TT* & affectez,
fans que ceux qui les tiendront, & en iouyront, pour
& au lieu de leurs penfions,
foient obligez d'y contribuer.
Ce qui eft dit cy-deffus fera
ainfi obferué & gardé en tout
& par tout. Pour le Prieuré
Conuentuel de Tuffé dependant de ladite Abbaye, fur le
reuenu duquel feront payez
par le Prieur dudit Prieuré
les penfions *VV* monachales
defdits Religieux qui y re-
fideront pour faire l'office di-

*TT Les fruicts des Benefices ne font
vnu, puis que les titulaires demeurent
fur iceux, & qu'ils iouyffent abfolu-
ment du reuenu d'iceux.*

*VV Caufes non affez efclaircies: ce-
fte penfion monachalle eft à interpreter
& efclarcir, & faire à combien elle
monte,*

uin, au mesme prix que celles des autres Religieux dudit sainct Vincent, & en outre accomplira toutes les autres clauses & charges portées par la fondation d'iceluy, d'autant qu'il y a plusieurs desdits Prieurez, Chappelles, offices & benefices dont les reuenus, deduction des charges faictes, ne sont suffisans pour vne pension XX monachale, & que le nombre des Religieux profez de ladite Abbaye est bien plus grand que le nombre desdits tiltres, lesdits Peres de la Congregation de Sainct Maur employeront annuellement du plus clair & liquide reuenu de ladite Abbaye, la somme YY de six mil liures pour le supplément desdites pensions, laquelle somme diminuera au prorata que lesdites pensions seront remplies ou esteintes, & en laquelle somme de six mil liures sont compris ou seront precomptez les reuenus desdites Chappelles, offices & benefices qui ne sont suffisants pour vne pension monachale. Tout ce qui est deu à ladite Abbaye appartiendra aux peres de ladite Congregation de S. Maur : en quoy ils se puissent consister, ensemble les prouisions

des grains , vins & autres
choſes qui ſe trouueront dedans & dehors ladite Abbaye,
comme auſſi les meubles , linges & viſtancilles qui ſont de la
cómunauté: Seront obligez les
Peres de ladite Congregation,
de nourrir, entretenir, gouuerner & auoir ſoin d'vn frere Conuers de ladite Abbaye
appellé frere Mathurin le
Batteux qui a l'eſprit troublé:
Si quelques vns deſdits Religieux profez de ladite Abbaye tomboient en ſi grande
maladie , que leurs penſions
ne fuſſent ſuffiſantes pour les
ſubuenir , ils pourront alors
abandóner leurſdites penſions
auſdits Peres, leſquels en ce cas,
ſe chargeront d'eux & les trait-
teront auecque la charité que
le requiert le glorieux Pere
S. Benoiſt en ſa regle , ZZ
meſme en tout temps paie-
ront les gages du Medecin &
du Chirurgien, qui ſeruiront
tant leſdits Religieux profez
que ceux de ladite Congregation de ſainct Maur : Quand
il plaira à Dieu de diſpoſer
des Religieux profez de ladite
Abbaye, s'ils y decedent , leſdits Peres feront leurs fune-
railles auecque pareille quantité de prieres , aumoſnes &
ceremonies qu'ils ont accouſtumé de faire pour ceux de

leur Congregation ; & soit qu'ils decedent en ladite Abbaye ou hors d'icelle, en tous les Monasteres de ladite Congregation qui sont à present & seront cy-apres, sera celebré autant de Messes, & fait autant de prieres pour chacun d'eux, comme il a accoustumé d'en estre fait pour les Religieux de ladite Congregation. Et d'autant que les presents accords sont faits principallement pour la plus grande *AAA* gloire de Dieu & consolation des Religieux profez de ladite Abbaye de S. Vincent est accordé que ceux desdits Religieux profez qui ne voudront les entretenir, iront *BBB* demeurer dans les Monasteres de la Congregation de Chesalbenoist sous l'obeyssance des Superieurs d'icelle, ausquels sera payé pour chacun d'eux la somme de trois cens liures de pension, leur vie durant, Ce present concordat sera homologué tant en Cour de Rome que par tout ailleurs où besoin sera, aux frais & despens desdits Religieux de sainct Vincent, pour lesquelles homologations, lesdites parties constituent leurs Procureurs irreuocables les porteurs des presentes, ausquels

ou

AAA Que le pere Mercier cherche ardemment, se voulant mettre hors la subjetion de ses Superieurs, & viure en liberté dans son Prieuré.

BBB Clause qui destruict tout ce que dessus, d'autant qu'il aduoue la congregation de Chesalbenoist subsister, & estre meilleur d'y demeurer que vagabonder, & neantmoins impulsiue en tant qu'elle pousse & porte les religieux de sainct Vincent à ratifier ce concordat, pretendant en le signant auoir six cens liures, ou ne le signant que trois cens liures.

ou à l'vn d'iceux elles donnent tout pouuoir de faire tout ce qui sera necessaire : car **CCC** le tout a esté accordé ainsi entre lesdites parties , en faisant & passant les presentes, qui autrement n'eussent esté faites, & à ce tenu enteriner garder & accomplir, & aux cousts mises, pertes, despens, dommages & interests, rendre & amender, obligent comme dessus eux, leurs successeurs, biens & choses , renonçants à toutes choses à ce contraires, & s'en sont abstrainéts par la foy & serment de leurs corps sur ce par eux baillez en nostre main, dont à leur requeste les auons iugez par le iugement & condamnation de ladite Cour. Fait & passé en ladite Abbaye de sainét Vincent audit Mans , pardeuant nous Notaires susdits, lesdits iour & an, & ont lesdits Peres Mercier, Bondonnet & Cotton , signez en la minutte des presentes auecque nous Notaire susdits.

Du vingt-sixiesme iour de Ianuier **DDD** mil six cens trente & trois auant midy en la Cour royale du Mans , pardeuant nous Gabriel Dies, & René Bizeray, Notaires Roiaux audit Mans , y demeurans & residens : furent presents en leurs personnes Reuerends

CCC Le P. Cotton ne s'est veu dans ladite Abbaye de sainét Vincent, dont ce present concordat s'est passé de nuiét, car il deuoit loger dans ladite maison, si ainsi estoit que ledit pere Mercier eust eu charge des religieux de le transiger, ce qui fait voir le contraire , aussi est-il clandestin & monopolé.

DDD Ce concordat fut leu par ledit pere Mercier au Chapitre sainét Vincent en l'absence des Notaires, & leut ce qu'il luy pleut, ainsi qu'il se verifie par information.

EEE *Ledit pere Mercier dit au Chapitre qu'il auoit peu faire ledit concordat tout seul sans les religieux, que neantmoins ceux qui le signeroient auroient six cens liures de pension, & les beneficiers iouyroient de leurs benefices plainement, & que ceux qui ne signeroient on les chasseroit hors la maison, occasion pourquoy plusieurs ont esté contraincts de signer, qui par apres se sont retractez, comme les Peres Leurard, Chartier, Droüard, Laumaillier, Aubert, Royer, Coignard, & Hatton, qui sont au nombre de huict, sans les autres absents, qui sont opposans en nombre d'vnze.*

FFF *Il y a cinq Nouices dans ce concordat qui ont signé, qui ne doiuent estre employez à ces affaires.*

GGG *Chapitre clandestin, d'autant que la plus saine partie des Religieux est lors absents, ledit pere Mercier les ayant enuoyez dehors, par où paroist de la subornation & monopole, d'autant que c'est de la loy* quod omnes spectat ab omnibus debet approbari.

Peres René Bommer, EEE Prieur, Thomas Bordeaux cy-deuant Abbé de Chesalbenoist, Prieur de Sainct Germain des Prez, & antique Abbé de S. Vincent lez le Mans, Marin Leurard, Denis le Chartier, Noel Drouard, Mathurin Laumallier, Iacques Aubert, Pierre Hardoyneau, Nicolas Hubert, Iean Royer, François Musserotte, Mathurin Fourault, René Rousseau, Nicolas Boisseau, Iacques Coignard, Ioseph Ribot, Michel Hatton, Marin Chauuin, François Isambart, tous Religieux profez de ladicte Abbaye de sainct Vincent lez le Mans, faisans & representans la plus grande & saine FFF partie des Religieux dudit lieu, capitulairement assemblez au son de la Cloche au lieu & maniere accoustumée lesquels deuëment establis apres que lecture leur a esté faicte à haute & intelligible voix du Concordat cy-dessus passé pardeuant nous Notaires Royaux, le vingt-deuxiesme iour du present mois & an. Entre les Reuerends GGG Peres Mercier Abbé de ladite Abbaye, & Iean Bondonnet, Religieux d'icelle, grand Cellerier, tant en leurs noms que comme ayant charge & se faisant fort

de la plus grande & faine
partie des Religieux de ladite
Abbaye d'vne part, & Reuerend Pere Claude Cotton, Religieux de l'Abbaye de fainct
Germain des Prez, pour & au
nom des Reuerends Peres Superieur general, Affiftans Vifiteurs, & autres Superieurs
HHH de la Congregation de
Sainct Maur, d'autre : ont
lefdits Religieux capitulans
dit auoir bien entendu & bien
fçauoir le contenu dudit Concordat pour en auoir eu cy-
deuant communication, & l'autre bien leu & confideré &
qu'ils ont recogneu & trouué
qu'il eftoit à l'honneur de Dieu,
conferuation de ladite Abbaye,
& pour le repos & confolation
de tous fes Religieux profez
d'icelle c'eft pourquoy ils
l'ont loüé & approuué & ratifié, le loüent, approuuent
& ratifié par ces prefentes, defirent *III* veulent & entendent qu'il forte fon plain
& entier effect, fuppliant celuy ou ceux qui en ont le
pouuoir que tous empefche-
mens oftez & leuez, ils le
faffen executer felon fa forme & teneur, dont & ce que
deffus, lefdits fieurs Religieux
nous *KKK* ont demandé
acte pour feruir ce que de
raifon, ce que leur auons

*HHH L'information faite verifie que
la plus part ont figné ledit concordat
fans en auoir eu lecture, ny fçauoir ce
qu'il contenoit.*

*III Abus, d'autant que leur concor-
dat eft pour la ruine totale des autres,
& par confequent ne peut caufer que
des inquietudes.*

*KKK Ledit concordat n'a eft figné
au Chapitre que de cinq ou fix, & quelques vns ont declaré l'auoir figné au
precedent, & neantmoins auoir faict
femblant audit Chapitre de le figner, cela fe verifiera par l'information & par
l'ordre des fignatures.*

octroyé & dont les auons iugez à ce tenir & enteriner,
garder & accomplir , & aux
cousts mises, pertes, despens,
dommages & interests , obligent eux , leurs successeurs,
biens & choses , renonçans à
toutes choses au contraire, &
se sont abstrainéts par la foy &
serment de leurs corps , sur ce
par eux baillé en nostre main,
dont à leur requeste les auons
iugez par le iugement & condamnation de ladite Cour. Fait
& passé en ladite Abbaye de
sainét Vincent lez le Mans, lieu
où se tient le Chapitre ordinaire, pardeuant nous Nottaires
susdits.　Signé Bizeray , &
scellé le vingt-septiéme de Ianuier mil six cens trente-trois.

ST à noter que le vingt sixiesme Ianuier dernier ledit Pere Mercier fit lecture luy mesme
dudit Concordat aux Religieux de Sainct Vincent du Mans, ils n'estoient que dix sept Prestres & six Nouices de trente & vn Prestres &
de six Nouices qu'ils sont de Religieux Profez dudit Sainct-
Vincent, duquel nombre, vingt & vn ont signé & ratifié ledit Concordat, vn ancien s'y est opposé, & vn autre n'y a
consenty, ny l'a desaprouué, aussi n'est il considerable entant
que Nouice tant pour le peu d'experience que luy & ses autres cinq compagnons peuuent auoir en ces affaires, que pour
ce qu'ils peuuent estre facilement subornez, & neantmoins
trois desdits Nouices se sont opposez audit Concordat, &
trois autres l'ont ratifié sans en demander par apres la cassa-
tion : voila ce qui est des six Nouices. Quant aux Religieux
Prestres qui sont au nombre de trente & vn, deux sont Peres Confesseurs en l'Abbaye nostre Dame de Neuers, qui
pour n'auoir bien bonne cognoissance de ces changemens,
se tiennent dans la neutralité, dix se sont retractez, & auec
vnze autres ont donné procuration au Pere Richer de poursuiure au Priué Conseil ou ailleurs, où besoin seroit, la cassa-
tion du Concordat, comme paroist par l'acte capitulaire
du dixseptiesme Feburier 1633. pardeuant deux Notaires
Royaux, partant paroist que plus des deux parts desdits Religieux de ladite Abbaye de S. Vincent sont opposans à l'execution dudit Concordat & que par diuers actes ils ont declaré vouloir viure & mourir sous l'obeyssance des Peres de
la Congregation de Chesalbenoist, se repentans ceux qui
ont signé ledit Concordat, de s'estre laissé aller si facilement
aux subornations dudit Mercier, disans comme porte la depo-
sition de plusieurs, que ledit Mercier leur auoit fait entendre
qu'on faisoit estudier à la Fleche vn des enfans de la maison
de Vaucelas pour luy faire auoir ladite Abbaye de Sainct
Vincent & la mettre & reduire en commande, qu'il pouuoit
(sçauoit iceluy Mercier) contracter seul auec les Peres de
Sainct Maur pour la desvnion de ladite Abbaye d'auec ladi-

te Congregation de Chefalbenoiſt pour l'vnir auec celle de Sainct Maur, ſans que le conſentement deſdits Religieux y fut neceſſaire, que neantmoins il leur preſentoit ledit Concordat à ſigner auec condition que ceux qui librement le ſigneroient auroient chacun ſix cens liures (quoy qu'il n'en ſoit fait mention dans ledit Concordat) que les Beneficiers iroient demeurer en leurs Benefices, & quant à ceux qui ne voudroient le ſigner qu'ils ſeroient chaſſez de ladite Abbaye dudit Sainct Vincent; menaces & artificieuſes inuentions qui ont contrainct aucuns deſdits Religieux à approuuer ledit Concordat, ce qu'ils n'auroient fait autrement, les aucuns autres l'ayant ſigné ſur l'eſperance qu'ils ont euë d'aller demeurer en des Prieurez & ſe deſcharger de la rigueur de la Religion.

Et pareillement à remarquer que ledit Mercier pretexte la cauſe & le fondement dudit Concordat, & le couure du voile de reforme, quoy qu'il paroiſſe tout clairement du contraire, entant que ſi cedit Concordat ſubſiſte, on void que par iceluy au lieu de reformer ſes Religieux, il les difforme, leur faiſant renoncer à leur Cloiſtre & lieux reguliers & leur donnant licence, mais encore les contraignant d'aller viure qui ç'a qui là dans le monde, ſur leurs Benefices les rendant proprietaires, & les iettant dans toutes ſortes d'occaſions d'offencer Dieu. Il s'en faut bien que ce ſoient là les deuots ſentimens de deffunct Monſieur le Cardinal de Berule, dont la pieté eſtoit ſi connuë à tout le Royaume : car ayant eſté pourueu d'vne riche Abbaye, comme pluſieurs l'euſſent ſollicité d'y introduire des Peres de la reforme, & donner des penſions aux anciens, n'y voulut iamais entendre, diſant pour ſes raiſons que Dieu ne luy auoit commis la charge de ces Religieux reformez ains de ceux qu'il auoit trouuez dans ſadite Abbaye, des ames deſquelles il auoit à reſpondre deuant Dieu, partant qu'il auoit à rechercher ce qui eſtoit de leur ſalut, & comme on luy euſt reparty que c'eſtoit pour pouruoir à l'aduenir ſon Abbaye de bons Religieux : Il dit à cela que c'eſtoit à Dieu d'auoir ſoing du futur, & non aux hommes, & qu'il mettroit des Peres en ceſte maiſon, qui maintenant ſont en reputation de reformez, leſquels paraduanture dans dix ans seroient pires que ceux qu'il auroit chassez, & qu'on seroit encore en peine de les oster , que de trente ausquels on auroit donné ainsi des pensions, & esloignez du Cloistre, que c'estoit vn grand hazard s'il y en auroit six de sauuez, à cause des grands obiets & occasions d'offencer Dieu, dans lesquels on les precipitoit.   Et enfin ledit seigneur Cardinal conuia ses Religieux à se ranger à leur deuoir selon leur profession, & n'eust esté son decez, sans doute il eust causé plus de fruit à sadite Abbaye en y maintenant les Religieux, & les y faisant conuerser petit à petit selon leur sainct institut, que de les chasser pour en introduire de nouueaux: C'est ainsi que ledit Pere Mercier deuoit faire, s'il y auoit quelque chose à corriger dans ladite Abbaye de sainct Vincent, & non comme le mauuais Pasteur abandonner ses oüailles & les laisser à la mercy de ceux qui ne leur veulent pas beaucoup de bien , mais luy mesme s'est voulu mettre à son aise , d'autant que ayant vn bon Prieuré, il a recherché les moyens sous ce specieux pretexte de reforme, de se dispenser de toute obeyssance pour aller viure licentieusement sur iceluy, intention & dessein dudit Pere Mercier , qui paroist appertement par le contenu dudit Concordat, ou bien pour se perpetuer Superieur dans ladite Abbaye de sainct Vincent.

PROCEZ VERBAL DE MONSEIGNEVR

*le Reuerendissime Pere en Dieu Charles de Beau-
manoir Euesque du Mans, fait à la requeste des Religieux de Sainct Vincent lez ladite ville du Mans,
Ordre de Sainct Benoist, & de la Congregation
de Chesal-Benoist reformée en France, opposans à
l'execution d'vn certain Concordat fait entre le
Pere Jacques Mercier Abbé de ladite Abbaye, &
Frere Claude Cotton pensionnaire de sainct Germain
des Prez lez Paris.*

HARLES de Beaumanoir par la grace de
Dieu & du Sainct Siege Apostolique Euesque
du Mans, sçauoir faisons que ce iourd'huy
vingt-septiesme de Ianuier mil six cens trente-
trois, iour & feste de sainct Iulien patron de nostre Diocese & Eglise Cathedrale, reuenant sur les vnze heures du
matin de dire & celebrer la Messe en ladite Eglise, où nous
faisions l'Office pour la reuerence du iour, se seroit adressé à
nous en nostre Manoir Episcopal le sieur Lieutenant general de cette ville, qui nous auroit donné aduis d'vn grand desordre & confusion presentement aduenuë en l'Abbaye de
Sainct Vincent fauxbourgs de cette ville, Ordre de Sainct
Benoist, sous la Congregation de Chesal-Benoist, dont aucuns des Religieux d'icelle luy auroient rendu plainte &
requis son assistance & main forte en Iustice, disans que le
Pere Mercier à present leur Abbé, ayant de long temps pro-
jette d'introduire en leur Abbaye sous pretexte de reformation, des Religieux de la Congregation de Sainct Maur, autrement appellez Verdunistes : & ayant recognu la resistance
& opposition qu'y pourroient faire aucuns des plus anciens
zelez Religieux de ladite Abbaye, qui n'aprouuoient pas vne
telle innouation & changement : & ne vouloient se departir
de leur Congregation de Chesalbenoist sous laquelle ils
auoient

auoient fait leur profeſſion, & qu'elle eſtoit aucunement
contraire à celles deſdits Verduniſtes, autrement de Sainct-
Maur; Ledit Abbé auroit ſurciz & differé ſon deſſein iuſqu'à
preſent, qu'ayant par ſon induſtrie enuoyé la pluſpart de
ſes Religieux hors l'Abbaye, & eſpié l'abſence de ceux qui
luy eſtoient en cela contraires; Il auroit le Mercredy vingt-
ſixieſme de ce mois, extraordinairement & d'vn grand matin,
les portes eſtant cloſes, & ſans y appeller leur Secretaire ordinaire, conuoqué vn Chapitre, où il auroit propoſé ladite
innouation, & faict apparoir d'vn Concordat & tranſa-
ction qu'il auoit faict dreſſer tout preſt, entre luy & leſdits
Verduniſtes, & iceluy fait par anticipation ſigner à chacun
deſdits Religieux ſes adherans en leurs chambres, & ainſi
approuuer & omologuer par eux meſmes preſents audit Chapitre, eſtans à ſa deuotion, fors vn ou deux qui s'y eſtant op-
poſés, ils auroit refuſé leur en decerner acte, & en execution d'vn tel Chapitre & Concordat ainſi ſigné, vouloit de
force introduire en ladite Abbaye leſdits Verduniſtes, & en
chaſſer les vrais & legitimes Religieux; auſquels on auoit
refuſé l'entrée de la porte eſtans reuenus & accourus en ha-
ſte au bruit d'vn tel changement; Et que telle introduction
de nouueaux Religieux en ladite Abbaye, outre leur intereſt
particulier, eſtant grandement preiudiciable à la Ville & au
Clergé: & ne pouuant ny deuant faire ſans leur conſentement; Le Lieutenant general auroit pour ce ſuiet ordonné à
ce iour vne aſſemblée de ville dont il nous donnoit aduis, ne
voulans pas en cette matiere y rien ſtatuer ſans noſtre approbation & authorité. Et dautant qu'en cette conteſtation il y
auroit à preſent en ladite Abbaye vn grand deſordre & ſedi-
tion entre leſdits Religieux oppoſans & autres, qui d'heure
à autre reuocquoient leur conſentement, & taſchoient à
reintegrer & introduire en ladite Abbaye les abſens, pour
ſe fortifier les vns contre les autres, oubliant ainſi & delaiſ-
ſant le ſeruice ordinaire, & abandonnant toute correction
& obedience reſpectiue: & que noſtre tranſport ſur les lieux
y eſtoit plus que neceſſaire, pour par noſtre preſence y apporter de l'ordre & temperament, offrant nous y aſſiſter.

A quoy obtemperant, & ne pouuant denier noſtre aſſiſtance & ſeruice de noſtre miniſtere en ceſte occaſion à la Ville & au Clergé : & de crainte que le ſeruice diuin ſoit diſcon-
tinué, & la diſcipline reguliere non obſeruée; Encores que
ladite Abbaye ſe pretende exempte de noſtre iuriſdiction &
cognoiſſance. Nous ſerions volontairement cedit iour, en
preſence dudit ſieur Lieutenant general, tranſportez ſur les
quatre heures du ſoir apres Veſpres à la porte de ladite Abbaye, où eſtant arriuez, l'ouuerture d'icelle nous auroit eſté
refuſée par Frere René Bommer Prieur Clauſtral de ladite
Abbaye, qui s'y ſeroit preſenté parlant à nous par le guichet,
que l'on diſoit s'eſtre ſaiſi des clefs, & n'auroit voulu nous
laiſſer entrer quelque requiſition, interpellation & inionction que luy euſſions peu faire, & declaration de noſtre
qualité & intentions qu'auions d'apporter l'ordre & la paix en
leur maiſon & non d'entreprendre ſur leurs priuileges &
exemption pretenduë, pourquoy aurions eſté contraints de
nous retirer attendu la nuict, & remis le negoce au lendemain.

Et ledit iour de lendemain ſur les neuf heures du matin
ledit ſieur Lieutenant general eſtant d'abondant venu vers
nous, & donné aduis comme facilement nous pourrions
auoir l'entrée & accez libre en ladite Abbaye, parce que dés
le ſoir Frere Pierre Moullay, Frere Pierre Rouſſeau, Frere Robert Vetillard, Frere Guillaume Viel & Frere François Alton,
Religieux oppoſans à telle introduction & changement preci-
pité ſeroient par ſa permiſſion aſſiſtez de nombre de Sergents
& autres perſonnes retenus toute la nuict aux enuirós de ladite Abbaye pour en garder l'entrée & la ſortie : & du grand matin auroient par l'ordonnance dudit ſieur Lieutenant general
paſſé par ſur les murailles, & ſe ſeroient rendus les plus forts
en ladite Abbaye & requeroient que l'on ſi tranſportaſt pour
les maintenir en leur reintegrande & poſſeſſion, & apporter
l'ordre neceſſaire pour la continuation du ſeruice diuin, entretien de la regle & continuation des aumoſnes. POVRQVOY
nous en aſſiſtance de venerables & diſcrettes perſonnes Mai-
ſtres René des Chappelles Preſtre, grand Doyen de noſtre
Egliſe Cathedrale, & Iean Richer auſſi Preſtre Scholaſtique

& Chanoine de noftre Eglife noftre Official , & tous deux nos grands Vicaires, & de Meffire Ambroife Denizot licentié és droicts noftre Secretaire; En prefence dudit fieur Lieutenant general, afin de faire ceffer le trouble & fedition qui commençoit defia à s'efmouuoir par le peuple , & infinité de pauures qui menaçoient de mettre le feu & embrafer l'Abbaye fi on s'ingeroit d'en changer ainfi l'eftabliffement ancien, qui leur difperfoit de fi grandes charitez , & auoit vn foin fi particulier d'eux ; lefquels aurions aucunement appaifez & fait retenir ; Serions transportez en ladite Abbaye, la porte de laquelle auec toute peine & difficulté aurions peu aprocher pour la trop grande affluence defdits pauures, & multitude de peuple. Et enfin y eftans, nous auroit efté rapporté par Frere Guillaume Viel l'vn defdits Religieux oppofans, parlant par la grille du petit guichet, qu'ils n'auoient pas les clefs de la porte, & qu'elle eftoient entre les mains dudit Frere René Bommer Prieur clauftral qui s'en eftoit faifi : & qu'encores qu'ils fuffent à prefent les plus forts en ladite Abbaye , que neantmoins ils n'auoient ofé, rien enteprendre, s'eftoient contenus en toute douceur & modeftie, attendant noftre prefence & auctorité, pour faire & executer ce que par Iuftice ou par nous feroit ordonné, & que s'il nous plaifoit ils auoient auecque eux Pierre Chenet maiftre Serrurier, qui feroit l'ouuerture. Ce que nous n'aurions voulu permettre, que premierement ledit Prieur n'euft efté requis de bailler les clefs, & confentir noftre entrée en ladite Abbaye, luy donnant à entendre que nous ne venions que pour le bien general des vns & des autres , & non pour entreprendre fur leurs priuileges & droicts d'exemption. Et comparant ledit Prieur à ladite grille du guichet, auroit nonobftant ce que deffus refufé noftre entrée, & dit qu'il n'ouuriroit point que par le commandement, & en la prefence de fon Abbé, qui à la verité eftoit abfent, & relaiffé par l'ordonnance, & en la maifon dudit fieur Lieutenant General, par precaution, ainfi qu'il auoit verbalifé, & pour plus grande affeurance & liberté à l'execution de l'ordre, & eftabliffement qu'il pretendoit apporter au temporel, & conferuation des biens de ladite Abbaye. Et ainſi ledit Prieur ayant fait refus, & s'eſtant retiré, ledit ſieur Lieutenant General auroit permis audit Serrurier faire ladite ouuerture, laquelle faite, & nous eſtans entrez en la preſence & aſſiſtance que deſſus, aurions eſté reçeus par chacun de Frere Mathurin Laumailler, Frere Pierre Moullay, Frere Pierre Rouſſeau, Frere Guillaume Viel, & Frere François Alton, & autres Religieux oppoſans, qui les larmes aux yeux, & comme de genoux, auroient requis & demandé noſtre aſſiſtance, & dudit ſieur Lieutenant General. pour maintenir l'ancien Ordre de leur maiſon, ſous la Congregation de Cheſalbenoiſt, diſant tous que ledit Mercier, comme leur Abbé, auec ſes adherans, auoient trahy leur Ordre, & vendu leur maiſon auſdits Verduniſtes, & par ſurpriſe & ſuggeſtions, fait ſigner & conſentir le Concordat à pluſieurs d'entre-eux qui en eſtoient repentans, & auoient deſ-ja reuoqué leur conſentement, fors les ieunes de la maiſon qui ſouhaitoient ceſte innouation, pour le deſir qu'ils auoient de ſecoüer le ioug de l'obedience, afin de s'en aller chacun vaguer à des Prieurez ſimples que l'on leur promettoit, où ils pourroient viure en liberté & ſans Superieur, Surquoy les ayant comme releuez, & inuitez chacun à vne bonne concorde & reünion enſemble : Auparauant que paſſer outre, ſerions enrrez en l'Egliſe pour faire nos prieres, apres leſquelles eſtans retournez en la petite ſalle, chacun des Religieux ſelon ſon rang, ayant eſté mandé pour faire ſa declaration & recognoiſſance de verité, aucuns ſe feroient cachez & abſentez, & les autres comparants eſté ouys, & baillé leur depoſition par eſcrit deuant ledit ſieur Lieutenant General, qui en auroit fait & dreſſé ſon procez verbal portant entre autres, que ledit le Mercier ayant dés lōgtemps projetté ce deſſein, auroit pris l'occaſion en ce temps icy d'eſcarter ſes Religieux & les enuoyer les vns en commiſſion, les autres en diuers endroits, & ne retenir en l'Abbaye que ceux qu'il recognoiſſoit eſtre de ſon intelligence & faction.

Et ainſi le iour de Mercredy au matin, & à heure induë, auroit precipitamment conuoqué, & fait le Chapitre dont eſt queſtion, & là propoſé ceſte innouation, & repreſenté ledit Concordat paſſé auec leſdits Verduniſtes; iceluy faict approuuer & ſigner aux preſens, fors à F. Charles le Maignen, Prieur de Tuffé, lequel y auroit opposé, tant pour luy, qne pour les absens: en laquelle opposition ils estoient contraints, & tous resolus de se pouruoir, soit au Priué Conseil du Roy, ou deuant le Pere General, visiteur de leur Ordre.

Et d'autant que nous auions esté aduertis que les Peres Richer & Regnault, pour lors absens, & maintenant de retour, n'auoient encores peu entrer pour le refus que l'on leur en auoit faict, leur aurions faict ouurir la porte, & iceux reintegrer, lesquels affligez & plorans à chaudes larmes, nous auroient fait les mesmes plainctes & requisitions que lesdits Freres Moullay, Rousseau, Vetillard, Viel & Alton.

Lesquels tous concordamment nous auroient d'abondant presenté leur requeste, tant verbale que par escrit , tendant afin de vouloir interposer nostre authorité, pour la conseruation de leur Ordre, & ancien establissement en la Congregation de Chesal-Benoist, qu'ils ont iusques icy si religieusement gardée, & sous laquelle ils disent auoir tous faits leurs vœux & profession, ne pouuant consentir l'introduction des Verdunistes à leur preiudice & exclusion , & voir chasser les legitimes Religieux hors de leur Abbaye, quelque aduantage que l'on dise y auoir pour eux par ledit Concordat, duquel ils n'ont aucunement peu nous faire apparoir, ny du pouuoir & pretexte sous lequel ledit le Mercier s'efforce faire ce nouuel establissemenr.

Et parce qu'ils nous ont affermé que pour faire telle introduction & proceder à l'execution dudit Concordat fait auec lesdits Verdunistes, ledit le Mercier s'estoit actuellement démis, & departy du tiltre d'Abbé en leur maison , & par ainsi qu'ils estoient à present sans Chef & Superieur, ce qui pourroit causer vn schisme & desordre parmy eux, ne voulant les vns & les autres, & ne sçachant à qui obeyr, & que pour ce ils auoient mandé & requis le Reuerend Pere Abbé de S. Martin de Saiz, de leur mesme Ordre & Congregation de les venir conduire & assister en ceste affliction, & l'attendoient au plus tard au prochain iour.

Novs à ce que le seruice diuin ne demeure, & que la correction & discipline reguliere soit entretenuë, & les aumosnes continuées, Avons de nostre Authorité Episco-

pale, & par prouifion feulement, iufques à ce qu'autrement y
ayt efté pourueu, & fans preiudice des priuileges, & droicts
d'exemption de ladite Abbaye, approuué le mandement &
requifition qu'ils ont faite en la perfonne du Reuerend Abbé
de Saiz, & ordonné qu'il fera & exercera cependant toutes
les charges & fonctions d'Abbé, & Supérieur en ladite Abbaye de S. Vincent, tout ainfi & comme les faifoit, ou pourroit
faire ledit le Mercier, s'il ne s'eftoit point démis & concordé
auec lefdits Verduniftes. Et iufques à ce que ledit Reuerend
Pere Abbé de Saiz foit prefent , Auons commis & donné
charge audit Richer Pere antique, & cy-deuant Abbé de ladite Abbaye, de prendre le foin que tout foit entretenu au
fpirituel comme s'il y auoit vn Abbé prefent, luy donnant
à cette fin, en tant qu'en nous eft, toute authorité & pouuoir
en ladite Abbaye, à la charge de s'y bien & religieufement
comporter, Ce qu'apres en auoir neantmoins fait quelque
refus , il a promis par fes fainctes ordres, & le ferment qu'il
nous en a prefté, cóme à femblable a fait frere Marin Leurard,
le plus ancien des Religieux, qu'auons commis en cas d'abfen-
ce dudit Pere Richer.

Quelle prefente noftre ordonnance (quoy que prouifoire
feulement) auons voulu prononcer & notifier audit Prieur
clauftral, retenu dans fa chambre où nous nous fommes tranfportez exprez , à ce qu'il n'en pretendift caufe d'ignorance,
& que les Religieux n'y vouluffent contreuenir : Les con-
uiant d'abondant ennoyer au pluftoft à leur Pere General ou
Vifiteur, pour par fon authorité y aporter l'ordre qu'il appartiendra.

Et au furplus du temporel, nous en fommes departis, & ra-
portez à la vigilance defdits Sieurs Lieutenant General & Procureur du Roy, pour y pouuoir ainfi qu'ils iugeront eftre
neceffaire, & nous fommes retirez. Et de tout ce que deffus,
auons fait dreffer noftre prefent procez verbal, & iceluy fait
attefter par Maiftre Ambroife Denizot, Licentié és droicts,
noftre Secretaire, & de cet Euefché, les iour & an que deffus.
Signé CHARLES, Euefque du Mans. Et plus bas, Par commandement de mondit Seigneur, A. DENIZOT.

ARREST DV CON-

SEIL PRIVE' DV ROY, PAR LE-
quel il eſt dit que le Concordat de Frere Iacques Mercier ſera dans vn mois communiqué
au Pere Viſiteur de la Congregation de Cheſalbenoiſt, pour ſa reſponſe veuë eſtre ordonné ce que de raiſon, pendant quel temps eſt
fait deffence de rien innouer en ladite Abbaye de ſaiçt Vincent.

EXTRAICT DES REGISTRES
du Conſeil Priué du Roy.

VR les Requeſtes reſpectiuement preſentée au
Roy en ſon Conſeil, l'vne par Iacques le Mercier,
Abbé de ſainçt Vincent lez le Mans, les Religieux
& Conuent de ladite Abbaye, ſoy diſans aggregez
& vnis a la Congregation de ſainçt Maur : l'autre par Guillaume Richer, Zacarie Regnault, Preſtres, Religieux Profez
de ladite Abbaye ſoubs la reforme & Congregation de Cheſalbenoiſt, tant en leurs noms que comme Procureurs de Marin Leurad, Denys le Chartier, & autres Religieux de ladite
Abbaye & Congregation de Cheſalbenoiſt : & l'autre par les
Eſcheuins, Manans & Habitans de ladite ville du Mans, ten-
dante celle deſdits Abbé, Religieux & Conuent de ſainçt Vincent, A ce qu'il pleuſt à ſa Majeſte caſſer, reuoquer & annuller
toute la procedure faite tant par leſdits Eueſque du Mans, que
Lieutenant General de la dite ville, & ordóner que le Concordat fait pour l'vnion de ladite Abbaye à la Congregation de S.
Maur ſeroit homologué & executé ſeló ſa forme & teneur, auec
deffences aux Viſiteur, Scyndic, Chapitre General de ladite
congregation de Cheſalbenoiſt, Eueſque du Mans, Lieutenant

general de ladite ville & tous autres d'en empefcher l'execution, Ce faifant ordóner que ledit Mercier Abbé & autres Religieux qui auroiét foufcrit ledit Concordat feroiét reintegrez
pour faire refpeƈtiuement leurs charges, offices, & toutes chofes remifes en l'eftat qu'elles eftoient auant ledit Concordat,
auec deffences audit Vifiteur, Scyndic & autres de les y troubler. La requefte defdits Richer & Regnault efdits noms, enfemble celle defdits Efcheuins, ᴍanans, & ʜabitans de ladite
ville du Mans, tendantes à ce qu'il pleuft à fa ᴍajefté les receuoir oppofans à l'executió dudit Concordat,& pour faire droit
fur leur oppofitió renuoyer les parties en telle Cour fouuerai-
ne qu'il plaira à fadite ᴍajefté,Et encore la requefte defdits Richer & Regnault à ce que deffences fuffent faiƈtes à Frere
Claude Cotton Religieux de ladite Abbaye de fainƈt Germain
Defprez, Procureur des Religieux de la Congregation de S.
ᴍaur, de rien attenter au prejudice de l'eftabliffement defdits
Richer & Regnault,& ftatuts dudit ordre & Congregation de
Chefalbenoiƈt à peine de dix mil liures d'amende, caffation
de procedure, defpens,dommages & interefts. V E V lefdites requeftes fignée de Lamet & de Longueïl Aduocats au
Confeil, ledit Concordat d'vnion de ladite Abbaye de fainƈt
Vincent à la Congregation de fainƈt Maur du vingt deuxief-
me Ianuier dernier,auec la ratiffication d'icelle par les Religieux de ladite Abbaye du vingt-fixiefme enfuiuant. Procés
verbal dudit Lieutenant general dudit iour vingt-fixiefme
Ianuier faiƈt en ladite Abbaye fur la plainte des Religieux de
ladite Congregation de Chefalbenoiſt,enfemble l'ordonnance dudit Lieutenant general,fur laquelle il auoit commis ledit
Richer pour œconome de ladite Abbaye, & enfuitte fait proceder aux feelle des portes de la chambre dudit Mercier Abbé.
Procés verbal dudit fieur Euefque du Mans qui fe feroit tranf-
porté dans ladite maifon le vingt-feptiefme dudit mois de Ianuier dernier, & autres iours fuiuans. Procés verbal dudit Lieutenant general du vingt-huiƈtiefme defdits mois & an. Autres
procés verbaux dudit Lieutenát general du premier & cinquiefme Feurier enfuiuant, & autres pieces attachée à ladite requefte: Et oüy le rapport du Commiffaire à ce deputé. LE ROY
EN SON CONSEIL faifant droiƈt fur les requeftes,& fans

auoir

auoir efgard à la requefte des Efcheuins & procedure faite par
ledit fieur Euefque & Lieutenant general de ladite ville, A ordonné & ordonne que dans vn mois le Concordat d'vnion de
ladite Abbaye de fainct Vincent du Mans fera communiqué
au Superieur vifiteur de ladite Congregation de Chefalbenoift, pour fa refponce veuë eftre ordonné ce que de raifon,
cependant ledit le Mercier Abbé dudit fainct Vincent auec fes
officiers & Religieux feront reintegrez en ladite Abbaye de
S. Vincent pour y exercer le deu de leur charge comme ils fai-
foient auparauant l'emprifonnemét dudit le Mercier, Que les
Religieux de ladite Abbaye qui font detenus prifonniers feront eflargis incontinant & fans delay, Que toutes chofes feront eftablie en ladite Abbaye comme elles eftoient auant ledit iour, Faict fa Majefté inhibitions & deffences auac Vifiteur, Scyndic, Chapitre general de ladite Congregation de
Chefalbenoift, & tous autres, de troubler ny empefcher ledit
le Mercier en ladite iouyffance de ladite Abbaye, & de rien innouer en l'eftat d'icelle, Enjoinct aux Religieux de ladite Abbaye de porter toute obeyffance, honneur & refpect audit le
Mercier comme à leur Abbé, & audit Abbé de les traicter hu-
mainement, Ordonne que dans quinzaine ledit Richer œco-
nofme eftably a ladite Abbaye rendra compte audit le Mercier
Abbé des maniement qu'il a eu de l'adminiftration du téporel
de ladite Abbaye, à ce faire fera contrainct par toutes voyes
deuës & raifonnables, Faict fa Majefté inhibitions & deffences
audit fieur Euefque du Mans & Lieutenant general de prendre
cognoiffance des differends defdites parties, circonftances &
dependances, à peine de tous defpens, dommages & interefts
iufques à ce que par fa Majefté en fon Confeil aultrement en
ayt efté ordonné. Faict au Confeil Priué du Roy tenu à Paris,
le vingt-deuxiefme iour de Feurier mil fix cens trente-trois.

Signé,   DE CREIL.

L OVIS par la grace de Dieu Roy de France & de Nauarre. Au premier de nos amez & feaux Confeillers Mef-
fieurs des Requeftes ordinaires de noftre Hoftel, Confeillers
de nos Cours, Mandons, ordonnons à chacun de vous tres-
expreffément enjoignons que l'Arreft de noftre Confeil cy at-

h

taché soubs le contre-scel de nostre Chancellerie ce iourd'huy donné sur les requestes à nous presentées, l'vne par Frere Iacques Mercier Abbé de ladite Abbaye, soy disant aggregez & vnis à la Congregation de sainct Maur : l'autre par Guillaume Richer & Zacharie Regnault, Prestres, Religieux Profez de ladite Abbaye soubs la reforme & Congregation de Chesalbenoist, tant en leurs noms que comme Procureurs de Marin Lourard, Denys Chartier, & autres Religieux de ladite Abbaye & Congregation de Chesalbenoist : & l'autre par les Escheuins de ladite ville, Vous mettiez à deuë & entiere execution de poinct en poinct selon sa forme & teneur, icelle faire garder & obseruer par tous qu'il appartiendra, en sorte qu'il ny soit contreuenu en aucune maniere que ce soit, De ce faire vous donnons pouuoir, commission & mandement special, Et à nostre Huissier ou Sergent premier sur ce requis signifier ledit Arrest audit Euesque du Mans, Lieutenant general audit lieu, & tous autres que besoin sera, à ce qu'ils n'en pretendent cause d'ignorance, leur faisant de par nous les tres-expresses inhibitions & deffences y contenuës sur les peines portées par icelle & autre commandement, D'eslargir incontinent & sans delay les Religieux de ladite Abbaye qui sont detenus prisonniers, & audit Richer de rendre compte audit le Mercier du maniement qu'il a eu de l'administration du temporel de ladite Abbaye, autrement & à faute de ce les y contraindre par toutes voyes deuës & raisonnables, nonobstant oppositions ou appellations quelconques, pour lesquelles ne voulons estre differé, & au surplus faire pour l'entiere execution de nostredit Arrest present, à la requeste dudit Frere Iacques le Mercier toutes significations, assignations, mandemens, deffences & autres actes, exploicts requis & necessaires, sans demander aucune permission, Car tel est nostre plaisir. Donné à Paris le vingt-deuxiesme iour de Feurier, l'an de grace mil six cens trente-trois, & de nostre regne le troisiesme, Par le Conseil, signé de Creil.

Factum du Procés,

*Et le Pere Mercier soy disant Abbé de ladite Abbaye de
Sainct Vincent lez le Mans , deffendeur & demandeur en execution d'vn certain Concordat fait &
passé entre luy, certains Religieux de Sainct Vincent,
& Frere Claude Cotton pensionnaire de Sainct Germain des Prez lez Paris , soy disant Procureur des
Peres de Sainct Maur, d'autre.*

LA question est , Sçauoir si ledit Concordat
fait par ledit Mercier, soy disant Abbé de S,
Vincent du Mans, Monastere vny à la Congregation de Chesalbenoist , & duquel il n'est
que Superieur pour autant de temps qu'il plaist
aux Peres President, & Definiteurs du Chapitre General,
& au plus pour six ans, à la fin desquels il faut necessaire-
ment qu'il soit deposé de ladite Commission & charge d'Abbé, à laquelle les susdits Peres l'ont estably sous ces condi-
tions.   A peu passer ledit Concordat pour la des-vnion dudit Monastere de sainct Vincent du Mans de ladite Congre-
tion de Chesal-Benoist , pour la joindre & vnir à la Congregation des Peres de Sainct Maur.

Ledit Mercier soy disant Abbé assisté du consentement de
quelques Religieux Profez dudit Monastere de Sainct Vin-

cent , souſtient qu'il a peu tranſiger & paſſer le ſuſdit Concordat , fauoriſant ſon pouuoit d'vn ſpecieux pretexte de
reforme , & alleguant que la Congregatiou de Cheſal Benoiſt eſt grandement deſcheuë de la ferueur & eſtroitte obſeruance de la regle Sainct Benoiſt , laquelle a autrefois reluit en ladite Congregation , à quoy on n'a iamais ſçeu remedier. Ce que voyant ledit Mercier , deſirant faire reuiure
l'obſeruance reguliere à la Maiſon de Sainct Vincent du
Mans comme Abbé , a ietté les yeux ſur les Peres de la
Congregation de Sainct Maur , Religieux reformez de S.
Benoiſt , & a paſſé ledit Concordat du conſentement de quelques Religieux profez de Sainct Vincent auec ledit Cotton ,
ſoy diſant Procureur des Peres de Sainct Maur.

Pour preuue de la difforme en la Congregetion de Cheſal-Benoiſt , produit ledit Mercier trois ſortes de pieces en
nombre de   Sçauoir des informations faictes
contre des Religieux particuliers par les Superieurs de l'Ordre , des lettres miſſiues , & requeſte aux Superieurs de ladite
Congregation par des Religieux particuliers , des comptes
& inuentaires des meubles , acquits , obligations & autres pa-
piers de chicane , pretendant ledit Mercier par les ſuſdits pa-
piers prouuer le deſordre de la Congregation de Cheſal-Benoiſt , & difformé d'icelle.

A tout cela reſpondent les Peres de la Congregation de Cheſal-
Benoiſt , & par Ordre.

Abbé Com-
mis ou De-
puté ſeule-
ment.
Premierement que la qualité d'Abbé que ledit Mercier
prend , ne le peut authoriſer pour tranſiger de l'Abbaye de
Sainct Vincent du Mans , d'autant qu'il n'eſt Abbé, ains ſeulement adminiſtrateur Commiſſaire, ou deputé en ladite maiſon de Sainct Vincent , pour autant de temps qu'il plaiſt aux
Peres Preſident & Definiteurs du Chapitre General de ladite Congsegarion , à laquelle ladite maiſon de Sainct Vincent
eſt vnie , ainſi qu'il appert par la Bulle de Leon dixieſme ,
donnée à la Requeſte du Roy François premier , pour l'E-
rection de ladite Congregation , l'an mil cinq cens ſeize , en
ces termes , *Quibus quidem Monaſterijs per eiuſmodi ceſſiones*
Abbatum regimine deſtitutis per dictam Capitulum Generale , il-

liufque *definitores, & nullos alios de perfonis idoneis, dictumque ordinem expreſſè profeſsit, & de dicta Congregatione exiſtentibus per modum electionis, ſeu nominationis, ſeu deputationis, Commiſsionis, ſeu alterius vtilioris prouiſionis ad annum, biennium, ſeu triennium duntaxat, prout dicto Capitulo Generali vtilius viſum fuerit expedire poſsit prouideri.* Les lettres que les Peres de ladite Congregation de Chefal Benoiſt donnent à ceux qu'ils nomment Supereiurs en la maiſon de Sainct Vincent, ſont conformes à la ſuſdite Bulle, & par icelle ſont nommez ſeulement par les Commiſſaires Deputez, ainſi qu'il ſe voit par la forme deſdites Lettres inferées dans les Statuts de ladite Congregation de Cheſalbenoiſt, au fueil. 15. *Iuxta formã ac ritum priuilegiorum prædicta authoritate Congregationi præfata conceſſorum deputauimus & deputamus ac tibi regimen & adminiſtrationem omnimodam illius in ſpiritualibus & temporalibus authoritate prædicta commiſimus,* par leſquelles Lettres il ſe void clairement que les ſuſdits Peres du Chapitre General ne diſent pas, *Te in Abbatem vel prælatum nominamus,* ains ſeulement, *adminiſtrationem committimus.*

Le viſa que ſa Maieſté donne à ceux qui ſont deputez pour Superieurs par le Chapitre General en leurs Monaſteres, ainſi qu'il a eſté accordé & conuenu entre ſa Maieſté & la ſuſdite Congregation de Cheſal-Benoiſt, eſt conforme auſdites Lettres, comme il paroiſt par la forme dudit viſa inferée au Liure des Statuts de ladite Congregation, fol. 16. en ces parolles, *Le tout iouxte la forme & teneur deſdites prouiſions, priuileges & Statuts de ladite Congregation.*

Leſdits Peres de ladite Congregation l'ont ainſi declaré au Chapitre 21. *de prioribus Forenſibus,* dans le Liure de leurs Stauts, ou ils permettent à ceux qui feront eſleuz Abbez de garder le tiltre des Benefices, & Offices d'où ils eſtoient pourueus auparauant leur Inſtitution; D'autant que la dignité Abbatialle dans la Congregation de Cheſal-Benoiſt, n'eſt qu'vne adminiſtration. *Si Abbas inſtitutus ſiue electus aliquod Officium vel Beneficium ante Inſtitutionem habuerit illud reſignare non tenebitur, quandoquidem Abbatialis ipſa dignitas adminiſtratio tantum eſt.* Si bien que le dit Mercier n'eſtant que Commiſſaire & deputé, & comme tuteur de l'Abbaye de ſainct Vincent du Mans, il n'a peu n'y deü tranſiger d'vne choſe qui ne luy appartient pas, & pour la conſeruation de laquelle il eſtoit obligé, partant ſon Concordat nul & vitieux.

Non ſeulement ledit Mercier n'a peu paſſer ledit pretendu Concordat pour la deſ-vnion de ladite Abbaye de ſainct Vincent du Mans, n'eſtant que Commiſſaire au regime & adminiſtration d'icelle; Que meſme il ne peut ſe demettre de ladite Commiſſion entr'autres mains que dans icelles du Chapitre General, ſuiuant les deffences mentionnées en la ſuſdite Bulle Leonine veriffiée, & enregiſtrée au grand Conſeil, le 17. Feburier 1518. *Statuentes & Ordinantes, Quod ex nunc in antea perpetuis futuris temporibus nulli Abbatum Monaſteriorum dictæ Congregationis Caſalis Benedicti, liceat regimini, adminiſtrationi eorumdem Monaſteriorum in alterius etiam noſtris, & ſedis Apoſtolicæ; quam Capituli Generalis manibus cedere.* En quoy eſt à remarquer que ledit Mercier doibt de l'obeïſſance à ſa Saincteté, & par conſequent n'a peu contreuenir à ſes commandemens, qui ne luy permettent pas meſmes de ſe demettre de ſa Commiſſion entre les mains du ſainct-Siege, & le ſainct Pere à eſté ſi ſoigneux de faire prattiquer ſes commendemens, qu'à la fin de ſaditte Bulle il a declaré excommuniez tous ceux qui y contreuiendroient, *Si quis hoc attentare præſumpſerit indignationem omnipotentis Dei & beatorum Apoſtolorum Petri & Pauli ſe nouerit incurſurum.* Si bien que ledit Mercier non ſeulement n'a peu paſſer ledit pretendu Concordat, eſtant perſonne incapable, ny moins ſe demettre de ſa commiſſion, entre autres mains qu'entre celles du Chapitre General, ſuiuant les deffences cy deſſus alleguées; Mais bien d'auantage, ayant contreuenu aux ſuſdits commandements, il a encouru l'excommunication portée par la meſme Bulle, par laquelle il s'eſt rendu inhabille à tout ce qu'il pourroit pretendre.

Les meſmes deffences ſont reïterées dans la Bulle de Iulle troiſieſme, donnée en faueur de ladite Congregation de Cheſal-Benoiſt, l'an 1551. le troiſieſme Octobre, à la requeſte du Roy Henry II, faicte en forme d'Edict du mois Feurier 1547. veriffiée au Parlement le vingt-huictieſme Ianuier 1548. & ladite Bulle leuë, publiée & enregiſtrée au grand Conſeil le quatorſieſme Iuin 1552. au Parlement de Paris, le vingt-ſixieſme Iuillet au ſuſdit an, & au Parlement de Roüen le troiſieſme Feburier 1553. Et ce à cauſe de l'Abbaye de ſainct Vincent dequoy il eſt queſtion maintenant en ces termes : *Nec liceat deinceps , dicto Ioanni Cardinali aut alicui Abbatum huiuſmodi Congregationis, regimini aut adminiſtrotioni, aut Commandæ eorumdem Monaſteriorum in noſtris, aut ipſius Romani Pontificis pro tempore exiſtentis, vel ſedis, ſeu cuiuſuis alterius quàm Capituli Generalis præfati cedere.* Que ſi ledit Mercier ne ſe peut demettre de ladite Commiſſion à luy donnée par les Peres de la Congregation de Cheſal Benoiſt entre autres mains qu'entre les leurs, ſuiuans les deffences à luy faictes par leſdits ſainct Peres ; à plus forte raiſon ſe treuue il incapable de tranſiger pour ladite Abbaye de ſainct Vincent, de laquelle il n'eſt que conſeruateur & tuteur.

La raiſon pour laquelle ledit Mercier n'a peu tranſiger, eſt toute palpable, par la maxime commune, *Nemo dat quod non habet.* Or eſt il que ledit Mercier n'eſtant point Abbé , ains Commiſſaire, n'a peu diſpoſer de ladite Abbaye. De plus, leſdites Abbayes ſont tellement vnies au corps de la Congregation, qu'elles ne peuuent iamais vaquer, & ce du conſentement des Roys, François premier & Henry ſecond, leſquels volontairement ſe ſout démis du droict de nomination eſdites Abbayes, & principalement Henry ſecond, lequel fit vn Edict de demiſſion pour luy & ſes ſucceſſeurs , verifié , comme dit eſt, par les Cours ſouueraines de ce Royaume, les termes de l'vnion ſont clairement exprimez dans la Bulle de Leon dixieſme : *Quod ex nunc & in futurum à dicta præſentium computandum illorum vacatio per obitum , ſeu per reſignationem , aut alias quouis vacandi modo , etiam apud ſedem prædictam pretendi : ſeu accidere ; neque illa aut illorum aliquem pro tempore prætenſam vacationem à ſede prædicta, ſeu eius Legatis , aut quibuſuis alijs Primatibus vel Ordinarijs impetrari , vel ad illa per illorum Conuentus porinde futurorum Abbatum electione celebranda , non poſſit , aut voleat authoritate , ac tenere promiſſorum declarauius , & declaramus, ac præterea illorum vacationem ex nunc & in antea perpetuis , futuris temporibus ſupriminius, & nullam fore nuntiamus.* Cette meſme vnion eſt confirmée par la Bulle de Iule troiſieſme, donnée, comme dit eſt, à cauſe de l'Abbaye de ſainct Vincent, de laquelle s'eſtoit faict pouruoir, pretendant icelle vaquer le Reuerendiſſime Cardinal du tiltre de ſaincte Cecille, ſieur du Bellay, d'où y eut procés, ladite Bulle donnée à la requeſte du Roy Henry II. lequel fit vn Edict ſur ce different au mois de Feurier 1547. verifiée & enregiſtrée au Parlement & au Grand Conſeil au mois de Feurier meſme, par lequel il ſe démit volontairement pour luy, & ſes ſucceſſeurs du droict de nomination aux Abbayes de ladite Congregation de Cheſalbenoiſt, fuſt remiſe dans les meſmes Priuileges portez par la Leonine, ſuppliant ſa Saincteté de donner Bulle pour ce ſubject, & par icelle declarer ladite Abbaye de ſainct Vincent, auec les autres de ladite Congregation, de ne pouuoir iamais vacquer : ce que le ſainct Pere fit en ces termes, *Ac quod nunc & in perpetuum vacatio ſancti Vincentij aliorumque Monaſteriorum Congregationis huiuſmodi per illorum regiminis & adminiſtrationis ceſſionem, etiam in manibus noſtris factam vel obitum, ſeu quocumque etiam illorum commenda ceſſante vacandi modo etiam per ſedem eandem induci atque petendi, minuſque ipſa Monaſteria aut eorum aliquod per aliquam pro tempore pretenſam vacationem à Sede vel Legatis præfatis, ſeu quibuſuis alijs, etiam eorum Ordinarijs impetrari poßint nec ad illos per ipſos eorum Conuentus aliquis eligi vel poſtulari valeat.* Lequel conſentement du Roy Henry ſecond, & demiſſion de nomination auſdites Abbayes, ſont confirmées par Patentes de ces ſucceſſeurs Roy Charles IX. par lettres données à Blois du 20. Nouembre 1571. enregiſtrées & verifiées au Grand Conſeil le 11. Decembre audit an, & au Parlement de Paris le 5. Ianuier 1572. Henry troiſieſme par Lettres du 5. Mars 1575. verifiées & enregiſtrées au Parlement de Paris le 15. Mars audit an & au Grand Conſeil le 25. du ſuſdit mois & an. Henry quatrieſme par ſes Lettres en datte du 15. Nouembre 1601. enregiſtrées, & verifiées au Grand Conſeil le 15. Decembre audit an, au Parlement de Paris le 8. Feurier 1602. Et de ſa Majeſté à preſent regnante par Lettres du mois de Nouembre 1618. verifiées, & enregiſtrées au Grand Conſeil, & au Parlement de Paris audit mois 1619. leſquelles Lettres ils ont ſi religieuſement obſeruées, que toutes & quantesfois

tesfois que les Roys par mefgarde ont nommez aufdites Abbayes, & que l'on leur a faict voir qu'ils s'eftoient démis de leur
nomination, & que lefdites Abbayes eftoient vnies au corps
de la Congregation, & ne pouuoient iamais vacquer, tout
auffi-toft ils ont reuoquez leurs dons & nominations, comme
foubs le regne du Roy Charles neufiefme pour l'Abbaye de
fainct Martin de Seez, pour laquelle il donna Lettre de reuocation du 10. Nouembre 1571. & du feu Roy Henry quatriefme pour l'Abbaye de fainct Vincent du Mans, dont il eft que-
ftion, par Lettres données au Camp d'Onfleur le 24. Ianuier
1590. Et de fa Majefté à prefent regnante en l'an 1613. pour ladite Abbaye de fainct Vincent, toutes lequelles Lettres produictes foubs la Cotte H. Donc fi lefdites Abbayes font tellement vnies au corps de la Congregation, qu'il ne fi puiffe iamais rencontrer de vacance, où eft-ce que le pere Mercier en
a peu trouuer pour s'en demettre, & pour pouuoir tranfiger.
Si nos Roys Tres-Chreftiens ont efté fi Religieux que de ne
vouloir prendre le droict de nomination fur lefdites Abbayes,
quoy que fondées en droict, fera il permis au Pere Mercier qui
n'a aucun droict en ladite Abbaye de fainct Vincent, ains feulement pouffé du malin efprit, & pour vne libertinage, éuan-
trer comme la vipere fa propre mere, la vendre & trahir ; &
comme dict l'vn de fes adherans en vne lettre qu'il a efcripte,
produicte par les Religieux oppofans foubs Cotte   Vendre fa primogeniture pour des nentilles, c'eft à dire, pour vne
penfion.

Toutes ces raifons font confirmées par vne fentence d'excommunication donnée par Leon dixiefme dans la Bulle d'e-
rection de ladite Congregation, laquelle Bulle a efté confirmée par Clement feptiefme le 10. May 1525. fulminée par le
fieur Euefque de Meaux le 28. Septembre 1527. Iule troifiefme par Bulle du 13 Octobre 1551. fulminée par l'Abbé de fain-
cte Geneuiefue le 1. d'Aouft 1552. enregiftrée au grand Confeil le 14. Iuillet au mefme an, & au Parlement de Paris le 26.
du mefme mois & an. Et au Parlement de Rouën le 13. Fevrier
1553.

Paul troifiefme par Bulle du 28. Septembre 1527. Paul quatriefme par Bulle du 7. Fevrier 1555. fulminée par le Treforier

i

de la sainéte Chapellle de Bourges, parties appellées, le 5. Iuillet 1558.

Paul cinquiesme , du 12. Decembre 1618. enregistrée au Grand Conseil mesme année, & au Parlement de Paris le 16. Fevrier 1619. Toutes lesdites Bulles produictes soubs les Cottes A, B, C, D, E, & F, laquelle excommunication est donnée contre tous les Religieux de ladite Congregation de Chesal-Benoist, Superieurs, & autres qui se retireront de ladite Congregation soubs quelque pretexte que ce soit, mesme d'vne plus estroitte vie, sans permession du Chapitre General, comprenant en ladite Excommunication tous leurs complices, fauteurs & adherans, de laquelle sentence d'Excommunication ils ne pourront estre absoubs, non pas mesme par le sainét Seige, si ce n'est en l'article de la mort : *Reliquis autem Prelatis Vagandi semitas prastudere Volentes, eos quod dicti Capituli Generalis licentia non obtenta etiam pratextu arétioris Vitæ, orationis, Vel religionis. ac quarumcumque literarū Apostolicarum, eis sub quibusuis Verborum formulis & clausulis etiam de dicta Congregatione mentionem facientium & illius priuilegijs, & indultis expresse derogantium de dicta Congregatione se substrahere, aut alias per diuersas mundi partes discurrere, aut Vagari contegerit, eorumque receptores & complices quamdiu se substrahentes, & Vagantes Abbates & Monachos huiusmodi se scienter receptauerint, & sustinuerint, seu ad hoc auxilium, consilium & fauorem prastiterint excommunicationis sententia à qua preter quam in articulo mortis constituti etiam per Sedem Apostolicam absolui non possunt innodamus.* Ce peut il trouuer rien de plus precis pour le subjeét qui ce presente, comme est-ce que ledit Mercier & ses adherens se peuuent exempter de ladite Excommunication, n'est-ce pas exprés pour luy, ses adherans, & tous ceux qui l'assistent que le sainét Pere a fulminé cette sentence d'Excommunication, & en cet estat d'excommunié, peut il estre capable de transiger non plus que ceux qui contraétent auec luy, qui sont compris dans ladite Excommunication.

Le consentement de quelques Religieux de sainét Vincent, qui ne sont pas en si grands nombres que ceux qui s'opposent audit Concordat, ne peut estre consideré : car si ledit Pere Mercier ne peut transiger, encor moins les Religieux, qui ne

peuuent agir qu'authorifez, & non pas authorifer authruy.
Auffi paroift-il clairement dans leurs confeffions & declarations, comme quoy ils ne font capables de pouuoir traicter,
d'autant qu'ils varient à toute heure, comme il paroift par l'information faicte par le Pere Abbé de fainct Martin defSeez,
foubs cotte E, & par le procés verbal du fieur Lieutenant General du Mans fous mefme cotte.

Le Concordat de foy-mefme tefmoigne affez fon inualidi-
té, pour eftre paffé entre perfonnes incapables : Car quant à
la perfonne du Pere Mercier, fon incapacité (ce femble) eft
affez approuuée. Et pour le regard de Frere Bondonnet, n'eft
non plus capable que ledit Mercier, par les raifons cy deffus
defduites, d'autant que le Procureur ou Celerier en la congregation de Chefalbenoift ne peut rien faire fans l'authorité
de l'Abbé, ainfi qu'il eft porté dans les Statuts de ladite congregation au chapitre *de Cellerario.* Or l'Abbé ne pouuant tranfiger, ledit Bondonnet ne le peut non plus, joinct auffi qu'il y
a feize Preftres Religieux profez de fainct Vincent oppofans
audit Concordat, & qui defaduoüent ledit Bondonnet : par
confequent fa qualité de celerier n'eft point confiderable. De
plus, il paroift par les procés verbaux du fieur Lieutenant general du Mans, & information du Pere Abbé de fainct Martin
de Seez, que les Religieux de fainct Vincent n'auoient ouy
parler dudit Concordat que le foir auparauant que la lecture
en fuft faicte en Chapitre, & par confequent ledit Bondonnet
ne pouuoit auoir procuration defdits Religieux, ainfi qu'il fe
qualifie. Lere Pere Cotton penfionnaire de fainct Germain,
qui eft la troiefme perfonne auec qui s'eft paffé ledit Concordat, fe dict Procureur des Peres de fainct Maur : mais il ne iu-
ftifie pas de fa procuration non plus que Bondonnet, & par
confequent le pretendu concordat eft nul & vitieux. Eft auffi
à remarquer que ledit Cotton n'eftoit au Chapitre lors la lecture dudit Concordat, laquelle fuft faicte par ledit Pere Mercier, & non par les deux Notaires qui l'ont figné; & la plus
grande partie des Religieux auoir figné ledit Concordat le foir
auparauant dans la chambre Abbatialle, & la chambre de Frere Thomas Bordeaux.

De plus, ledit Concordat a efté figné par fubornation &

Subornation & libertina-ge.

efpérance d'vne vie libertine, comme il fe voit clairement dans ledit Concordat, où l'on permet à ceux qui le figneront de iouyr en propre des Benefices, defquels ils font feulement titulaires & le reuenu d'iceux eft vny à la menfe commune entretien des Religieux : & fi lefdits Benefices ne font de reuenu fuffifant pour faire fix cens liures ; lefdits acceptans s'obligent d'y fatisfaire, condamnant neantmoins ceux qui ne voudront figner à cent efcus de penfion, feulement en ces termes. *Et d'autant que les prefens accords font faits principalement pour la plus grande gloire de Dieu & confolation des Religieux Profez de ladite Abbaye de fainct Vincent du Mans eft accordé que ceux defdits Religieux Profez qui ne voudront confentir iront demeurer dans les Monafteres de la Congregation de Chefal-Benoift, fous l'obeyffance des Superieurs d'icelle, aufquels fera par chacun an donné la fomme de trois cens liures de penfion leur vie durant.* Ce peut-il treuuer quelque chofe de plus captieux, que de propofer vne vie libertine à des perfonnes qui auoient faicts la Profeffion de la folitude, & remis leurs volontez entre les mains de Dieu, auec de groffes penfions pour l'entretien du libertinage ; Et à ceux qui voudront demeurer dans leur Profeffion, vne modique penfion : Ce font les termes defquels s'eft feruy ledit Mercier, pour fuborner les Religieux de fainct Vincent, & les faire confentir au Concordat qu'il auoit paffé pour la trahifon de cette Maifon ; ainfi qu'il fe void par vne de fes lettres, efcrites de fainct Germain des Prez, & aduoüée par luy le quatriefme Feurier mil fix cens trente trois, au Pere Confeffeur des Religieufes de Noftre-Dame de Neuers, Religieux de fainct Vincent, en ces termes. *Il vous refte donc de vous dire, que fi vous defirez auoir la condition que ie vous propofe, vous ayez à ratifier à la forme que ie vous enuoye en parchemin ; Si auffi vous ne le faictes, vous n'aurez que trois cents liures, comme Bonjean, & ferez reduict à vne trop modique penfion, d'où i'aurois vn extreme regret.* Or la condition que ledit Mercier propofe audit Pere Confeffeur, eft fpecifiée dans la mefme lettre, qui eft, qu'il aura douze cents liures, & la liberté d'aller demeurer fur fon Prieuré d'Affe, ou en tel autre lieu qu'il luy plaira, en ces termes. *Au lieu de vos cinquantes liures, vous en aurez à prefent douze*

cents liures de voſtre Prieuré d'Aſſe , & la liberté d'aller demeurer ſur iceluy, ou en tel endroict qu'il vous plaira où vous vous trou-
verrez le mieux. Cette meſme ſubornation eſt continuée par
ledit Mercier, dans vne autre lettre eſcrite par luy, & au meſme, dattée du premier Auril mil ſix cens trente trois, par lequel il prie ledit Confeſſeur de faire ratifier ledit Concordat
à Frere Vincent Coudray Religieux de ſainct Vincent, & adjoinct dudit Confeſſeur, ſe ſeruant de la meſme ſubornation
en ces termes. *S'il y a vne fois Arreſt pour le fond, comme i'eſpe-*
re que ce ſera bien toſt, il n'y aura plus de recours pour luy : d'autant
que ceux qui n'auront ratifié, ſeront reduicts à trois cens liures, vous
l'en pourrez encores aduertir de ma part, en luy faiſant mes recom-
mandations. Et au bout de la meſme lettre, ledit Mercier ap-
pelle ignorant vn Pere de l'Oratoire Docteur en Theologie,
qui auoit preſché cette année le Careſme à Neuers, lequel
ledit Confeſſeur auoit conſulté pour ſçauoir s'il pouuoit en
conſcience ratifier ledit Concordat , & ayant retiré du ſuſdit
Pere de l'Oratoire ſa conſultation par eſcrit, que non. *Il en-*
voye audit Pere Mercier ſadite Conſultation, lequel pour reſponce luy
mande par ces mots; Voſtre Predicateur de l'Oratoire eſt vn ignorant
en bonnes affaires, & en ſa conſultation qu'il vous a donné , faict
paroiſtre n'en ſçauoir guere. Les meſmes ſubornations ſont continuées dans quatre autres lettres eſcrittes par le meſme Pere
Mercier au meſme Confeſſeur, le ſolicitant de luy enuoyer la
ratification dudit pretendu Concordat, & d'en faire de meſme
à Frere Vincent Coudrya, ſous les aſſeurances qu'il leur donne
que l'affaire eſt faicte, & qu'il ne les abandonnera iamais en
ces termes. *Apres cela , faicte faire voſtre ratification en parche-*
min ſelon la teneur de voſtre coppie que ie vous enuoye: Et à vne au-
tre lettre, Nous ſommes à preſent en beau chemin , Dieu mercy, vous
deuez m'enuoyer voſtre ratification en parchemin , & non en papier,
faictes en faire vne en parchemin, & me l'a faictes tenir par Mon-
ſieur Fotras, qui me la gardera à mon retour: Et ſi le pere Vincent
ſe delibere d'en eſtre, vous la ferez faire conioinctement, & ſuppri-
merez la minutte de la voſtre qui eſt pour vous ſeule, vous l'en ad-
uertirez s'il vous plaiſt de ma part pour la derniere fois. Et en vne
autre lettre. *Tenez pour tout aſſuré que noſtre affaire eſt faicte, &*
que les oppoſans n'auront que de la côfuſion. Et en vne autre. *Aſſeu-*

rez vous que ne ferez abandonné de moy, & que ie vous maintiendray bien. Toutes lefquelles lettres ont efté recognuës par ledit Mercier, & font produictes fous la cotte I. Ce peut-il trouuer de plus grande fubornation pour faire figner vn Concordat, qui de foy eft vitieux, puis qu'il eft faict & paffé entre perfonnes incapables: Simoniaque, puis qu'on donne douze cens liures a ceux qui le figneront, & trois cens liures feulement à ceux qui ne le figneront point, comme fi ceux qui ont figné ledit Concordat eftoient plus Religieux que ceux qui ont refufé de figner pour auoir vne penfion plus grande, puis que defia l'on menace ces pauures Religieux qui font oppofans de les rendre miferables, & à ceux qui confentent on promet tout contentement & liberté: Comme s'il y auoit plus de gloire & d'honneur & fi Dieu eftoit plus glorifié en quittant & abandonnant la profeffion que l'on auoit fait de viure dans l'obeyffance punctuelle & obferuance reguliere, qu'en rendant fes vœux à Dieu, & mourans dans fa profeffion, pour meriter vne recompenfe plus grande.

Le pretexte de Reforme ne peut authorifer ledit Pere Mercier, pour paffer vn tel Concordat, d'autant qu'il ne peut prouuer que ladite Congregation ne viue dans le mefme efprit, dans lequel elle a efté inftituée, laquelle inftitution ledit Mercier approuue & aduoüé pour fainte: Et tout ce qu'il produit contre ladite Congregation fait voir qu'il y a de la Iuftice, & qu'on ne fouffre point le vice.

Premierement, tout ce qu'il produit contre la Maifon de Chefalbenoift, n'eft autre chofe qu'vn procés que les Religieux de ladite Maifon auoient inuenté contre leur Superieur, pour n'auoir (difoient ils) fuiuy l'ordre eftably par les Peres en l'inftitution des Offices, fur la plainte defquels le Vifiteur General fe tranfporta fur les lieux auec fes Adjoincts, & en rendit iuftice, comme il paroift par la production dudit Pere Mercier.

Quant à fainct Sulpice, tout ce que produit ledit Mercier n'eft autre chofe que des plaintes des Religieux aux Superieurs, fur lefquels ils ont faict iuftice, comme il paroift par les fentences qu'eux mefmes produifent. Pour les lettres particulieres, la plus part ne font fignées, efcriptes de diuerfes mains,

cottées de la main du Pere Cotton qui les explique. Bref, ce
sont lettres surprises en diuers téps, & escrites de long-temps,
& qui ne peuuent prejudicier au general.

Pour sainct Allyre, c'est la mesme chose que dessus, des lettres & requestes au Visiteur & Chapitre General pour la manutention & conseruation de l'Obseruance reguliere, sur lesquelles pieces il y a eu sentence & iustice, ainsi qu'il paroist par
la production dudit Mercier, en quoy il appert le bon ordre
qui est en ladite Congregation.

Quant à la production qu'il faict contre sainct Vincent, elle
se diuise en trois, à l'information, plaintes, requestes, lettres,
le tout addressans ou faict aux Reuerends Peres du Chapitre
General & Visiteurs. La seconde est en partie de marchandise
prise par les Officiers de sainct Vincent, auec des inuentaires
que lesdits Religieux donnent aux Superieurs annuellement
le premier iour de Caresme. La troisiesme, sont des procés
verbaux, informations, & autres pieces de chicane faites par
ledit Mercier depuis qu'il a passé ledit Concordat, & que ledit
procés a esté intenté.

Quant aux informations, plaintes & requestes, ce sont toutes pieces qui ont esté produictes pardeuant les Peres du Chapitre General eu l'an 1628. ausquels on a faict iustice, comme
il appert par la sentence produicte par eux. Quant aux parties
des marchandises prises par les Officiers, elles ont esté aussi
produites en la mesme année pardeuant les mesmes Peres qui
ont rendu iustice. Quant aux inuentaires, ledit Mercier ne
peut inferer que le bon ordre qu'il y a dans la Congregation de
Chesalbenoist, veu que ce sont inuentaires que les Religieux
apportent tous les ans à leurs Superieurs, dans lesquels ils mettent tout ce qu'ils peuuent auoir pour leur vsage soubs sa permission, afin que s'il y a quelque chose de superflu il soit re-
tranché, si de la necessité il y soit pourueu. Quant aux obligations, acquicts & inuentaires faits aprés le deceds de quelques
Religieux, c'est sans raison que ledit Mercier met en auant
toutes cesdites pieces contre lesdits Peres, lesquels n'en ont eu
iamais cognoissance : & partant n'y ont peu mettre ordre, se
rendant luy mesme punissable, pour auoir souffert (estant Superieur) telles proprietez. Si tant est que lesdits Religieux

ayent donné lefdits acquicts, & paffé telles obligations, n'e-
ftant point Officiers pour receuoir pour la communauté lefdites fommes, & n'en auoir aduertis les Peres en leurs vifites és
Chapitres Generaux. Pour le regard des extraits des comptes, on n'y doit adioufter foy pour eftre faits parties non
appellées, & par des Notaires foupçonnez. Quant à la troifiefme fe font pieces de chicane, à quoy on ne doit adioufter
foy pour eftre faites depuis la trahifon fans commiffion & par
animofité.

Il y a auffi vn procez verbal fait par le fieur de Baubour,
Commiffaire deputé par fa Majefté pour aller à fainct Vincent,
lequel ne peut eftre confideré. Car outre les fortes raifons dé-
duites dans l'aduertiffement des Peres de la Congregation de
Chefal-Benoift, la feule lettre efcrite, & fignée Drouard, vn
des Religieux de fainct Vincent, qui ont figné le Concordat, produite fous la cotte I. par laquelle il mande que ledit
fieur Commiffaire a fait tout ce que ledit Pere Mercier a voulu contre les oppofans; fait que ledit procez verbal ne peut
auoir lieu, Ioinct auffi que ledit fieur de Baubour a ouy feulement contre les oppofans, & la Cougregation de Chefal-
Benoift, ceux que ledit Mercier luy a produict, fçauoir les Religieux qui auoient fignez ledit Concordat, des domeftiques
inftruicts par ledit Mercier, & des parens des Religieux qui
ont figné ledit Concordat, qui font gens de peu, & qui efpe-
rent tirer quelque commodité quand leurs parens Religieux
feront à leur particulier : Et quelques Requeftes qu'ayant
prefentez les Religieux oppofans, audit fieur de Baubour,
pour ne s'arrefter aux témoins, produict par ledit Mercier,
interrogés les trois Eftats de la Prouince, pour fçauoir la verité de leurs mœurs, ledit fieur de Baubour n'en a iamais rien
voulu faire, qui fait que fondit procez verbal ne peut eftre
confideré.

Quant à fainct Martin, il ne produit rien non plus, qui luy
puiffe feruir : au contraire ce qu'il produict fait paroiftre fa
malice, & fon peu de charité. D'autant qu'il a mandié vn
certificat du Miniftre de Charenton, pour faire voir qu'vn
certain Religieux auoit apoftafié, & fait fa profeffion de foy
dans le temple de Charenton. Chofe eftrange que ledit Mercier

cier foit allé trouuer ledit Miniftre, auquel il luy eft defendu
de parler par les Conftitutions Canoniques à peine d'excommunication, pour tirer de luy vn certificat qui ne peut de rien
feruir, qu'au contraire c'eft vn argument que l'obferuance reguliere eft bien practiquée, puis que ce qui n'eft pas bon, en
fort comme de l'efcume du pot.

Quant à fainct Germain des Prez, tout ce que ledit Mercier produict contre ladite Maifon ne témoigne point de defordre dans la Congregation; Car fur les lettres & memoires
efcrites au Chapitre g.neral, les Peres deputerent le Pere
Foucher, Abbé de fainct Sulpice de Bourges & le Mercier
Abbé de fainct Vincent pour adjoinct, pour informer du contenu efdits memoires & lettres, & en iuger definitiuement ce
qu'ils ont faits comme il paroift par les fentences produictes
fous la cotte N. Qui fait que ledit Mercier eft grandement
blamable de fe vouloir feruir pour defordre, de l'ordre qu'il
a eftably luy mefme, Et pour le regard des pieces que ledit
Mercier met en auant de Freres Guy Pafquier & Marin Tricard : ledit Mercier a tort de les produire, d'autant qu'il fçait
bien que les Peres eftans aduertis que ledit Pafquier s'eftoit
fait pouruoir d'vn benefice à leur infceu, ils ont declaré ledit
Pafquier auoir encouru l'excómunication portées dans leurs
Bulles & Statuts, & du depuis ne l'ont veu, ne fçauent ou il
eft. Quand au Pere Marin Tricard, lefdits Peres auffi luy
ont fait les mefmes declarations qu'à Pafquier, & commandement de fe deffaire defondit Benefice, ce qu'il fit, à vn nó-
mé Raphael Marie Chanoine du Mans. Et pour faire voir
que lefdits Peres ne fouffrent pas tel defordre, produifent vn
Arreft du grand Confei donné contre Frere Iacques Salot,
qui s'eftoit rendu appellant, comme d'abus d'vne fentence
rendue contre luy pour auoir obtenu des prouifions de Rome
à l'infceu de fon Superieur, par lequel il fut dit n'y auoir
point d'abus, ledit Arreft en datte du quatorzielme Iuillet
mil fix cens vingt-deux, fous la cotte N.

Quant à Brantofme, c'eft le procez d'vn Religieux, fait par
le Pere Coiton par commiffion, lequel Religieux eft encore
en penitence pour cette faute, & y fera toute fa vie eftant du
depuis priué de fes voix : & toufiours *in fletu & planctu*, la fen-

tenc̃e donnée contre luy produicte ſous cotte N.fait aſſez voir la Iuſtice de l’Ordre.

Quant à ſaincte Colombe, ce n’eſt rien que des lettres particulieres qui ne ſont auerées,& qui ne peuuent infecter leGeneral,&vne ſentence renduë contre le Pere Lanchis, tout cela ne témoigne rien que de la juſtice, & du bon ordre dans laCõgregation de Cheſal-Benoiſt. Auſſi n’eſt-il pas croyable que ledit Mercier ayt produit tant de pieces pour prouuer le deſordre, ains ſeulement pour ennuyer les Iuges en vne ſi grande qoantité de pieces,qui ne ſeruent de rien, comme luy meſme ſçait tres-bien.Car eſtant deputé de ladite Congregation, pour pourſuiure la reintegrande de la Maiſon de ſainct Germain au grand Conſeil, les meſmes pieces luy furent communiquées (auſſi ſont-elles toutes cottées de la main du Pere Cotton) auſquelles Meſſieurs du grand Conſeil n’eurent point égard, ains defendirent audit Cotton, apres luy auoir permis de parler, de ne point innouer contre le particulier,& ſans auoir eſgard à tout ce qu’il peut dire, donnerent l’Arreſt de la reintegrande; du vnzieſme Septembre 1631. Et de faict, prouuer que dans vne compagnie, il ſe rencontre quelqu’un d’heteroclite, & qui ne ſuit le droit chemin : ce n’eſt pas prouuer que toute la Congregation ſoit vitieuſe, & iamais d’vne propoſition particuliere , on ne faict vne illation generale. Car ſi cela eſtoit, il n’y auroit compagnie , quelque ſainĉteté de vie qu’elle ſçeuſt prattiquer, qui ne fuſt eſtimée corrompuë. Il faudroit meſme conclurre que ſainĉt Benoiſt eſtoit mal viuant , puis que de ſon temps il s’y trouua des Religieux qu’il auoit enuoyez à des Religieuſes qui s’eſtoient rẽdus proprietaires & d’autres qu’ils l’auoient voulu empoiſonner, ainſi que rapporte ſainĉt Gregoire au ſecond liure de ſes Dialologues. Il faudroit eſtimer les compagnies des Peres de ſainĉt Maur vitieuſe, quoy que l’on la vueille propoſer pour exemple dans la vie Benedictine : car ſi on auoit égard à ce qu’ont fait des Religieux particuliers à ſainĉt Iean d’Angely, & autres lieux où ils ſont eſtablis. Si l’on examinoit la vie des particuliers , comme ils ont faiĉt celle de ceux de la Congregation de Cheſal-Benoiſt , s’en trouuerroit à quantité qui n’ont ſuiuy le bon exemple que leur donne le General, & les

inſtitutions qui peuuent eſtre parmy eux. Ioinȼt auſſi, que
ſi ſainȼt Benoiſt n'euſt eſté aſſeuré, qu'il s'y trouueroit des
Religieux refraȼtaires à ſa Regle, il n'euſt point en icelle fait
des Chapitres, comme ſont le 24. 26. 27. & 28. dans leſquels
ſont compriſes les penitences contre les contreuenans : Que
ſi la Congregation de ſainȼt Maur n'eſt cenſée difformée depuis vingt ans en çà qu'elle eſt inſtallée pour les fautes des particuliers, à plus forte raiſon la Congregation de Cheſal-Benoiſt ne doit eſtre condamnée de difforme depuis cent ſoixáte
ans en çà, ou enuiron, qu'il y a qu'elle viſt dans l'eſtroiȼte
obſeruance de la Regle de ſainȼt Benoiſt, bien qu'il s'y rencon-
tra des Religieux particuliers en icelle, refraȼtaires à ladite
Regle, & aux ſainȼtes inſtitutions de ladite Congregation.

Or pour voir ſi ladite Congregation de Cheſalbenoiſt vit
ſelon l'eſprit de ſainȼt Benoiſt, & en vrays Moines ſolitaires, il
ne faut que voir ſi les Reglements & Statuts de ladite Congregation ne ſont pas conformes à la Reigle de ſainȼt Benoiſt.
Premierement, pour le regard de la proprieté par laquelle ledit Mercier faiȼt force (ce ſemble) & contre laquelle noſtre
Pere ſainȼt Benoiſt a faiȼt vn Chapitre particulier, qui eſt le 33.
de la Regle, au feuïllet 38. d'où ce tiltre eſt tel, *Si quid debeant
Monachi proprium habere*, où ſainȼt Benoiſt deffend de ne rien
auoir ſans la permiſſion du Superieur ; *Nequaquam liceat habere, quod Abbas non dederit aut permiſerit.* C'eſt le meſme reglement de ladite Congregation au Chapitre 24. fol. 56. du liure
des Statuts, où il eſt commandé à tous les Religieux de faire vne
inuentaire annuellement de tout ce qu'ils peuuent auoïr dans
leurs cellules ou ailleurs, afin que s'il s'y trouue quelque choſe
de ſuperflu (ſans permiſſion) les Religieux ſoient punis, comme proprietaires ; *Et de omnibus quæ in cellulis vel alibi habent ſe-
mel ſaltem in anno videlicet feria quarta in capite ieiunij inuentarium
quilibet frater exhibeat, & qui inuentus poſtea fuerit tenere, quod non
eſt ſibi conceſſum puniatur, vt proprietarius.* Et à celle fin que le
Superieur ſcache ce qui peut eſtre dans les chambres des Religieux, & le puiſſe verifier, il a les clefs de toutes les chambres
pour y entrer quand bon luy ſemble : & meſme à chaque porte
deſdites chambres il y a vne petite feneſtre par laquelle le Superieur peut voir ſi le Religieux ſe tient aux heures deuës en

icelle. Et en suitte, conferer les Chapitres de la Regle, auec des Statuts de ladite Congregation, comme le chapitre de la Regle *De adhibendis ad Consilium fratribus*, auec celuy des Statuts, qui est le 24. fol. 50. du chapitre *De taciturnitate*, auec le mesme des Statuts, Le 5. fol. 97. le chapitre de la Regle *De officijs diuinis*, auec celuy des Statuts *De modo psallendi*, qui est le chapitre 03. fol. 114. Le chapitre de la Regle *De reuerentia orationis*, auec celuy des Statuts *De oratione*, chap. 64. fol. 115. Le chapitre *De Decanis Monasterij*, auec celuy des statuts *De Decanis & senioribus*, chap. 18. fol. Le chapitre de la regle *Quomodo dormiant Monachi*, auec celuy des statuts *De modo cubandi*, chap. 41. fol. 29. où l'on verra comme les Religieux de Chesalbenoist couchent vestus, & dans le dortoir. Et le chapitre *De excommunicatione culparum de grauioribus culpis*, auec celuy des statuts *De correctione culparum*, chap. 54. fol. 102. Le chapitre *De Cellerario Monasterij*, auec celuy des statuts, chap. 42. fol. 81. Le chapitre de la regle *De mensura ciborum*, auec celuy des statuts 57. fol. 106. Le chapitre *De mensura potus*, auec celuy des statuts 68. fol. 108. Le chapitre de la regle *Quibus horis oporteat reficere fratres*, auec celuy des statuts *De ieiunijs*, 56. fol. 108. Le chapitre de la regle *Vt post completorium nemo loquatur*, auec celuy des statuts *De taciturnitate*, sus allegué. Le chapitre de la regle *De ijs qui ad opus Dei vel mensam tardè occurrerint*, auec celuy des statuts, 62. fol. 113. Le chapitre *De ijs excommunicantur quomodo satisfaciant*, auec celuy des statuts *De correctione culparum*, cy dessus allegué. Le chap. *De significanda hora operis Dei*, auec celuy des statuts, fol. 111. Le chap. *De opere manuum quotidiano*, auec celuy des statuts 58. fol 47. Le chapitre *De hospitibus suscipiendis*, auec celuy des statuts 31. fol. 62. Le chapitre *Quod non debeat Monachus litteras seu elogia accipere sine iussu Abbatis*, auec celuy des statuts 33. fol. 75. Celuy *De vestimentis & calceamentis fratrum*, auec le mesme des statuts 40. fol. 76. où il paroist comme quoy les Religieux de Chesalbenoist ne portent point de linge, & comme ils couchent dans des blanchets de laine. Le chapitre *De mensa Abbatis*, auec celuy des statuts 30. fol. 62. où le reglement de cette table ne peut estre plus religieux. Le chapitre *De artificious Monasterij*, auec celuy des statuts, chap. 36. fol. 75. Le chapitre *De disciplina suscipientibus*

fratrum, auec'celuy des ſtatuts *De nouitijs recipiendis*, 85. fol. 85.
Le chap. *De Sacerdotibus Monaſterij*, auec celuy des ſtatuts *De
promotione fratrum ad ſacros ordines* 50. fol. 69. Le chapitre *De
ordine Congregationis*, auec celuy des ſtatuts 51. fol. 69. Le chapitre *De præpoſito Monaſterij*, auec celuy des ſtatuts *De Prioribus Clauſtralibus* 14. fol. 36. Le chapitre *De oſtiario Monaſterij*,
auec celuy des ſtatuts 34. fol. 71. Le chapitre *De fratribus in
viam directis*, auec celuy des ſtatuts 32. fol. 65. Bref, il n'y a
rien dans la regle a quoy les ſtatuts de ladite Congregation de
Cheſalbenoiſt ne ſoit conforme & vniforme, pour l'entretien
deſquels les Superieurs des Maiſons de ladite Congregation
tiennent deux fois le Chapitre la ſepmaine ; ſçauoir, le Lundy
& Vendredy, deuant leſquels comparoiſſent tous les Religieux, pour s'accuſer de leurs fautes publiquement, pour en
receuoir abſolution & penitence. Annuellement ſe faict vne
viſite pour la manutention de la regularité & authorité des
Superieurs des Maiſons. Annuellement ſe tient le Chapitre
General, ſçauoir, le troiſieſme Dimanche d'apres Paſques,
pour ſçauoir l'eſtat des Maiſons, & corriger les Superieurs, ſi
beſoin en eſt. Bref, il ne ſe peut trouuer rien à redire, ny plus
regulier pour l'ordre Monaſtique : & ledit Mercier ne ſçauroit
dénier que toutes ces choſes ne ſe practiquent dans la Congregation de Cheſalbenoiſt, ny faire paroiſtre que les Peres
du Chapitre General ayent conniuez aux vices, ny que les Religieux ne ſe ſoient rendus obeïſſans à leurs Ordonnances : Et
c'eſt tout ce qui eſt neceſſaire pour vne vraye reforme, que
l'obeïſſance pour des Inferieurs, & la iuſtice pour des Superieurs.

La reforme de la Congregation de Cheſalbenoiſt doit eſtre
aſſez prouuée par les teſmoignages qu'en rendent tous les
Eſtats & Prouinces où les Maiſons de ladite Congregation
ſont eſtablies. Cauſe ſeule qu'aux Eſtats de Blois par articles *Preuue de
exprés, fut ordonné, que tous les Religieux de ſainct Benoiſt reforme.*
ſeroient reglez ſelon la reforme de ladite Congregation de
Cheſalbenoiſt. Et aux Eſtats derniers tenus à Paris en deux
articles, ſçauoir, en l'article 117. au Chapitre des Reguliers
Monaſteres, & en l'article 32. dans la requeſte preſentée au
Roy par la Chambre Eccleſiaſtique, comme ont faict à cette

occaſion Meſſieurs l'Eueſque & Clergé du Mans , le Lieutenant General & toute la Iuſtice , auec les Eſcheuins & Magi-
ſtrats de ladite ville pour la maiſon de ſainct Vincent où elle
eſt eſtablie. Il en eſt de meſme de tous ceux qui practiquent leſdits Peres de la Congregation de Cheſalbenoiſt, comme il ſe
voit dans les lettres d'aſſociatió des Peres de la Congregation
de ſaincte Iuſtine, ordre de ſainct Benoiſt reformez en Italie,
qui ſont inſerées à la fin du liure des Statuts de ladite Congregation de Cheſalbenoiſt l'an 1598. ſoubs le rapport que leur
auoit fait l'Abbé de ſainct Honorat, qui auoit demeuré trois
ans dans l'Abbaye de ſainct Germain Deſprez, de la charité
qu'il auoit receuë en ceſte maiſon, & de l'eſtroite obſeruance
qui s'y practiquoit, deſireux de participer au fruict d'icelle, ils
aſſocient ladite Congregation de Cheſalbenoiſt à la leur, comme il ſe voit par leſdites lettres inſerées au bout de ladite Congregation de Cheſalbenoiſt, en ces termes : *Retulit nobis dilectus*
filius noſter R. D. Hilaus ab Antipoli, Abbas Monaſterij noſtri Sa-
cræ inſulæ Lerinenſis , qui apud vos triennium degit à vobis cum
omni humanitate & charitate receptus quam ſtrenuè regularis, ob-
ſeruantia apud vos vigeat & Monaſtica diſciplina in dies augeatur.
Le propre témoignage de Mercier qui rend de la bonne vie
des Peres de la Maiſon de ſainct Vincent dans vne acte capitulaire fait à ſa diligence , où luy & tous les Religieux ate-
ſtent de la vraye reforme qui reluit dans ladite Maiſon, que
dans vne lettre qu'il eſcriuoit à Monſieur de Grand-Champ,
grand Audiencier de France produicte ſous cotte L. doit
eſtre ſuffiſante pour le conuaincre & prouuer, que c'eſt quelque autre motif qui l'à porté à ſe vouloir ſeparer de ladite
Congregation de Cheſal Benoiſt, que le pretexte de reforme. Car outre la preuue qu'il rend, que nous viuons dans la
vraye obſeruance il blaſme les ſuſdits Peres de ſainct Maur
de leur procedé, & les accuſe par ſa lettre de ne viure en vrais
Benedictins, en ces termes. *Nous ſçauons aſſez* , dit-il, *de quel*
bois ils ſe chauffent comme l'on dit, & combien de miracles ils font
par chacun iour. Et en effect qu'eſt-ce que pratiquent les Peres de Sainct Maur pardeſſus les Peres de Cheſal-Benoiſt: S'ils
peuuent faire voir quelque choſe de plus regulier dans leur vie
les Peres de Cheſal-Benoiſt ſont preſts à l'embraſſer, ne deſi-

rant rien tant que de se perfectionner dans la vie qu'ils ont professez: mais tant s'en faut que les Peres de sainct Maur ayent le dessus, qu'au contraire les Peres de Chesal-Benoist soustiennent viure plus estroictement dans la vie Benedictine, & en Moines, que les Peres de sainct Maur. Car si lesdits Peres de sainct Maur viuent en commun, n'ont rien de propre, couchent en dortoir, ne font rien sans congé de leur Superieur, ne mangent point de chair, ne portent point de linges, se leuent la nuict, les Peres de Chesal-Benoist en font de mesme: & au pardessus, ils obseruent vn perpetuel silence dans les quatre lieux reguliers; sçauoir l'Eglise, le dortoir, & le refectoir, conformément au chapitre, *cum ad Monastrrium de statu Monasticum.* De plus il prattiquent estroittement le chapitre de la Regle, *nemo post completorium loquatur,* n'estant loisible à aucuns Religieux de Chesal-Benoist de parler à personne quelconque depuis apres Complies iusques au lendemain à deux heures apres midy sans quelque grande necessité & congé du Superieur. Et c'est ce que ne prattiquent les Peres de sainct Maur, car ils parlent indifferemment partout le Monastere, souppent ou font collation apres Complies, apres quoy se vont promener par ensemble. Et par ainsi ne viuent en vrais Moines, comme les Peres de Chesal-Benoist, desquels la marque est la solitude & le silence, & au moyen desquels ils sont tousiours en meditation & oraisons, qui fait que mal à propos ledit Mercier veut faire reuiure la splendeur de la reforme dans les maisons de Chesal-Benoist, qui y est plus en vigueur, que celle de sainct Maur.

Ce n'a aussi iamais esté l'intention dudit Mercier, ains seulement de pouuoir par ledit Concordat continuer son auarice, ambition & libertinage, ledit Concordat le témoigne assez, puis qu'il en est tout plain, & les lettres qu'il a auouez, particulierement celle du quatriesme Feurier 1633. par laquelle il mande sur la subscription d'icelle. *Nous serons maintenant à nos aises & contents.* Et à vne autre endroit de ladite lettre, *I'ay fait ce Concordat pour vostre consolation particuliere.* Et à vn autre endroit de la mesme lettre. *C'est maintenant que vous aurez de l'auantage sur Frere Iean Iousseaume*

Intention du Pere Mercier.

qui auec son reuenu, a charge d'ame , & vous & moy point. Laquelle intention il a colorée d'vn pretexte de reforme & pieté, sans pourtant le vouloir embrasser. Et ce qu'il en fait a
esté seulement pour se garentir des peines qu'il ne pouuoit
éuiter pour auoir abusé de la charge d'Abbé à luy commi-
se par les Peres du Chapitre general. Car estant aduerty qu'on
auoit deferé au Pere Visiteur de Chesal-Benoist en son acte
de visite, que ledit Mercier auoit fait inserer dans les baux &
affermes de ladite maison de sainct Vincent, outre la somme
principale, cinquante liures, pour auoir disoit il des liures à la
Bibliotheque , comme il paroist par lesdits baux, & comme
luy mesme l'aduoüe par vne lettre du quatorziesme Feurier
1633. en ces termes. *Encor que n'ayez laissé de me persecuter
depuis que ie suis Superieur, pour cinquantes liures que ie faits com-
munement inserer dans les baux.* Lesquels cinquante liures, ledit Mercier s'approprioit, & n'auoit fait achepter aucun liure à
la Bibliotheque : & que s'il falloit achepter quelques liures, il
estoit plus decent de prendre l'argent au depost, que non pas
d'en faire des sommes particulieres. De plus, que ledit Mercier abusoit de la nomination des Benefices, prenoit de l'argent des sceaux de l'Abbaye. Ledit Mercier preuoyant qu'au
Chapitre general prochain, il ne pouuoit éuiter la peine portée dans les Statuts de ladite Congregation, & o. donnée contre les proprietaires, se souuenant que Monsieur de Grand-
Champ luy auoit escrit à la solicitation du sieur de Lauson,
pour éuiter la maison de sainct Vincent aux Peres de
sainct Maur , il s'addresse ausdits Peres de sainct Maur
en ces paroles. *Quid vultis mihi dare :* & moyennant la
continuation de son auarice passe ledit Concordat procedé tout a fait simoniaque, & plein de libertinage. Et tant
s'en faut qu'il soit pour la plus grande gloire de Dieu (comme il dit) qu'au contraire c'est au mépris de la gloire de Dieu,
dautant que la gloire de Dieu consiste au gain des ames, & ledit Concordat tend à la pieté d'icelles, tirants les Religieux
qui auoient faits profession de la solitude des lieux reguliers,
les met-ás en liberté auec de grosses pensions, pour l'entretien
de leur libertinage, les exemptans mesmes du diuin seruice,
afin qu'il n'y ayt rien qui les empesche d'aller en Enfer. Et il
ne

ne faut pas qu'on se preuaille qu'à l'aduenir il y aura des bons
Religieux, car c'est trop mal proceder que de chasser des bons
Religieux à present, pour y en mettre à l'aduenir. Cét aduenir n'est point de nostre science, *non est nostrum nosse tempora*
vel momenta, quæ pater posuit in sua potestate, à Dieu seul en est
reseruée la cognoissance : Et peut estre que dans cet aduenir
les Peres de sainct Maur seront bien décheus du peu de pieté & charité qui est en eux : Si bien que ledit Concordat est
Simoniaque, fait entre personnes incapables , par suborna-
nation, pour vn libertinage , & ladite Congregation de
Chesal-Benoist viuant dans la splendeur d'vne vraye refor-
forme ; il plaira à sa Majesté le declarer nul, & vitieux, &
maintenir lesdits Peres de Chesal-Benoist en leurs Priuileges, & ils continueront à prier Dieu pour sa prosperité
& santé.

Monsieur DE THIERSAVT, Rapporteur

ARREST DV CON·SEIL D'ESTAT ET PRIVE' DV

Roy, par lequel le fufdit Concordat de Frere Iacques Mercier eft caffé & annullé, donné le *24. Fevrier 1634.*

EXTRAICT DES REGISTRES
du Confeil d'Eftat & Priué du Roy.

ENTRE Dom Iacques Mercier, Abbé de fainct Vincent lez le Mans, & partie des Religieux de ladite Abbaye, demandeurs en requefte & execution des Arrefts du Confeil du 22. Fevrier & 18. Mars 1633. & requerant l'execution & homologation du Concordat fait entre ledit Mercier & Dom Claude Cotton Religieux de l'Abbaye fainct Germain Defprez du 22. Ianuier audit an, & deffendeurs, d'vne-part : Et Dom Guillaume Richer, tant en fon nom que comme Procureur de l'autre partie des Religieux de ladite Abbaye, deffendeurs & oppofans à l'execution dudit Concordat, & demandeurs en requefte dudit iour 22. Fevrier, d'autre. Et entre Dom Iofeph Sanfon, Abbé de fainct Sulpice de Bourge, & Vifiteur General de la Congregation de Chefalbenoift, & les Abbez, Prieurs & Religieux de ladite Congregation, demandeurs en requefte & Arrefts dudit Confeil du 26. May audit an, d'vne autre part: Et ledit Mercier & conforts deffendeurs, d'autre. Et entre ledit Cotton demandeur en requefte du 14. Nouembre audit an, tendans afin que fuivant l'Arreft dudit Confeil du 18. Septembre audit an, toutes les parties foyent renuoyées pardeuant le Cardinal de la Rochefoucault & autres Commiffaires pour proceder à l'vnion de ladite Congregation de Chefalbenoift à celle de fainct Maur, & receu partie interuenante audit procés, d'autre·part: Et ledit Richer efdits noms, Sanfon, Abbez,

Prieurs & Religieux de ladite Congregation, deffendeurs,
d'autre. VEV par le Roy estant en son Conseil ledit Arrest
du 22. Fevrier 1633. par lequel sans auoir esgard à l'interuention des Maires & Escheuins de la ville du Mans, & procedures faictes par les Euesque & Lieutenant general dudit lieu, a
esté ordonné que ledit concordat seroit communiqué dans vn
mois au Visiteur de ladite congregation de Chesalbenoist, pour
sa responce venë estre ordonné ce que de raison, & cependant
que ledit Mercier seroit reintegré en ladite Abbaye, les Religieux personniers eslargis, & deffences sont faictes audit Visiteur de troubler ledit Mercier en la iouyssance de ladite Abbaye, & rien innouer en icelle. Ledit Arrest du 19. Mars audit
an, par lequel sieur de Beaubourg Conseiller de sadite Majesté en ses Conseils & Maistre des Requestes de son Hostel a
esté commis pour executer ledit Arrest du 22. Fevrier, informer des desordres arriuez en ladite Abbaye, entendre les
plaintes des Religieux, & en dresser procés verbal, & cependant deffences sont faictes audit Visiteur & Chapitre general
de ladite Congregation de proceder à l'eslection d'vn autre
Abbé que ledit Mercier. Ledit Arrest du 25. May audit an, par
lequel est ordonné que ledit Mercier & autres seront assignez
audit Conseil pour proceder aux fins de ladite requeste par eux
presentée afin d'estre receus opposans à l'execution desdits
Arrests des 22. Fevrier & 18. Mars, & qu'il soit ordonné sans
auoir esgard audit Concordat, que ledit Abbé & Religieux
dudit sainct Vincent demeureront dans la Congregation de
Chesalbenoist, & seront tenus obeir aux Superieurs d'icelle.
Ledit Concordat fait entre ledit Mercier & Frere Iean Bondonnet Celerier de ladite Abbaye, d'vne-part, Et ledit Cotton
pour & au nom des Peres de la Congregation de sainct Maur,
se faisant fort pour eux, d'autre, par lequel ils accordent l'v-
nion de ladite Abbaye à ladite Congregation de S. Maur, tant
au chef, qu'aux membres, benefices, offices & reuenus d'iceux,
& meubles dependant d'icelle, aux clauses & cōditions portées
par iceluy. Acte Capitulaire, portant ratiffication dudit Concordat par vingt Religieux de ladite Abbaye du 16. dudit mois
de Ianuier audit an. Procuration passée par lesdits Religieux
pour en poursuiure l'homologation, dudit iour. Actes de pa-

ſeilles ratifficat ions par Freres Nicolas Prudhommeau, Matthieu Chamballu & René Chartier, des 30. deſdits mois & 9. Mars audit an. Procuration deſdits Religieux de ſainct Vincent oppoſans au nombre de treize audit Richer, pour former oppoſition aux lettres d'vnion de ladite Abbaye qui pourroient eſtre obtenuës, du 30. Ianuier audit an. Acte Capitulaire des Religieux de ladite Abbaye au nombre de dix-neuf, portant meſme pouuoir audit Richer, du 15. Fevrier enſuiuant. Declarations des nommez Iouſſeaume, René Rouſſeau, Hatton, Coignard, René Chartier & Coudray, Religieux de ladite Abbaye, qu'ils s'oppoſoient audit concordat, des 5. 13. & 14. Fevrier, & 7. Iuillet audit an. Commiſſion dudit Viſiteur de ladite congregation de Cheſalbenoiſt au Pere Rouillard Abbé dudit lieu pour regir ladite Abbaye de ſainct Vincent pendant ſon abſence, du   Mars audit an. Procés verbaux dudit Viſiteur de ce qui s'eſt paſſé en ladite Abbaye, des 12. & 18. deſdits mois & an. Autres procés verbaux de Dom Nicolas Daminois Abbé de ſainct Martin de Seez, deputé par ledit Viſiteur pour pareil ſubject, des 30. Ianuier audit an, & autres iours. Autres procés verbaux des Eueſque & Lieutenant genaral du Mans, du 26. dudit mois & autres iours audit an.   Declarations dudit Abbé & de dix-neuf Religieux de ladite Abbaye, qu'ils renonçent à la faculté à eux accordée par ledit Concordat de reſider ſur leurs Prieurez & conſentent à la reformation d'iceluy pour ce regard s'il eſt eſtimé iuſte des 14. 25. 27. & 24. d'Octobre audit an.   Procez verbal de François Surmois Sergent, contenant les violences & iniures qui luy ont eſté faictes, voulant executer l'arreſt dudit Conſeil du 26. Feurier en ladite Abbaye du 14. Mars audit an.   Procez verbal dudit ſieur de Beaubourg Commiſſaire à ce deputé du 2. Auril & autres iours ſuiuant audit an, contenant l'execution dudit Arreſt en ladite Abbaye & entre autres choſes la requeſte dudit Richer au nom & ſoy diſant Procureur des Superieurs de ladite Congregation & autres Religieux dudit ſainct Vincent, portant leur conſentement qu'en cas qu'il ſe trouue quelque relaſche entre eux de l'obſeruance reguliere qu'il ſoit nommé des Peres deſdits deux Congregations pour adviſer entre eux des moyens de les annexer ſe ſoubmettant à l'obſeruation des articles qui ſeront aduiſez. Informations faites par ledit ſieur de Beaubourg, touchant les deſordres ar-riués en ladite Abbaye & Prieuré de Tuffé, en dependant de-puis ledit côcordat du 25. Auril & autres iours ſuiuant. Plain-ctes renduë pardeuant ledit Commiſſaire, de tous les Reli-gieux de ladite Abbaye jointe audit Mercier deſdits deſordres, violences & deſreglements en l'obſeruance reguliere par les Religieux de ladite Abbaye du 12. & autres iours deſdits mois & an. Autres plainctes pareillement renduës pardeuant le-dit Commiſſaire par les autres Religieux oppoſans audit Concordat, contenant les conſentemens de la plus grande partie, à la reformation de ce qui ſe trouuerra de difforme en ladite Abbaye deſdits iour mois & an. Procez verbal faict par l'Eueſque de Meaux du 28. Septembre 1527. contenant l'execution d'vne Bulle du Pape de Leon dixieſme, dattée des Calendes de Decembre 1516. octroyée à la ſupplication du Roy François premier, portant confirmation de l'eſta-bliſſement & Statuts de ladite Congregation de Cheſal-Be-noiſt, & vnion indiuiſible des Abbayes de Cheſal-Benoiſt, ſainct Sulpice de Bourges, ſainct Allire lez Clermont, ſainct Vincent lez le Mans, & ſainct Martin de Seez, & d'vne autre Bulle de Clement ſeptieſme, du huictiéme du mois de Mars mil cinq cens vingt cinq, inſerées audit procez verbal. Arreſt du Grand Conſeil du 5. Feburier 1518. portant la publi-cation & enregiſtrement deſdites Bulles de Leon dixieſme, pour iouyr du contenu en icelle, par les Abbez & Religieux deſdites Abbayes tant & ſi longuement que la reforme durera eſdits Monaſteres. Lettre du Roy François premier confir-matiues deſdites Bulles, du 5. Iuillet 1522. Autre Bulle de Paul troiſieſme, du 14. des Calendes de Iuin 1527. par laquelle eſt declaré que leſdites Abbayes n'auoient point vacqué, con-formément à ladite Bulle de Leon dixieſme, & ordonne que les expeditiõs en ſeroient l'accerées. Lettres patentes du Roy Henry ſecond, du mois de Feburier 1547. confirmatiues deſ-dites Bulles, en ce que par icelles leſdites Abbayes ſont reduit-tes en la triennalité vacation aduenant, à la charge que chaque Abbé ſix mois apres ſa prouiſion ſera tenu obtenir lettre d'a-nexe de ſa Majeſté, veriſiées au Parlement & grand Conſeil

les 20. & 28. defditsmois & an. Autre Bulle de Iulle troifiefme, du 3. des Nones d'Octobre 155. Paul quatriefme, des Nones de Feur. r 155. & de Paul cinquiefme, du 10. des Calendes d'Aouft .618. confirmatiues defdites premieres Bulles, verifiées audit Parlement & grand Confeil le 12. de Nouembre
audit an, & 16. Feburier 1519. Lettres patentes du Roy Henry
fecond , du 8. Iuillet 1552. enregiftrées audit Parlement defdits
mois & an. Autres lettres de Charles neufiefme, du 5. Octobre 1571. enregiftrées efdits Parlement & grand Confeil le 11.
de Decembre audit an , & 5. Ianuier 1572. Autres pareilles de
Henry troifiefme, du 6. Mars 1575. enregiftrées efdites Cours
les 15. & 25. defdits mois & an. Autres dictes du Roy Henry
quatriefme , du 24. Ianuier 1590. & 15. Nouembre 1601. enregiftrées efdites Cours le 15. Decembre audit an , & 2. Feurier
1612. Autres Lettres de fa Majefté à prefent regnante, du mois
de Decembre 1618. confirmatiues des ftatuts & priuileges de
ladite Congregation de Chefalbenoift à icelle cy deuant con-
cedée, enregiftrées efdites Cours le 12. de Decembre audit
an , & le 16. Feburier 1619. Liure imprimé contenant la Regle
de fainct Benoift. Autre liure efcrit & non figné , contenant
les ftatuts de ladite Congregation, compillez en l'année 1580.
Arreft dudit Parlement de Paris, du 9. Septembre 1609. fur
les defordres arriuez en l'Abbaye de fainct Germain Defprez,
& reffus faict par les Religieux de receuoir le Vifiteur de ladite
Congregation , & le Prieur efleu par le Chapitre general d'i-
celle. Autre arreft du 18. May 1613. par lequel eft ordonné que
ladite Abbaye de fainct Germain Defprez fera reformée par
le Vifiteur de ladite Congregation , & les Prieurs des Feuil-
lents & du College de Cluny, en prefence de deux Confeillers
de la Cour. Plufieurs quictances foubs feing priué des Freres
Marin Leurard, Zacarie Regnault , René Garnier , Guillaume Deflois & Mathurin Defprez Religieux de ladite Abbaye
fainct Vincent de plufieurs fommes de deniers par eux receus
tant de pots de vins , que penfions particulieres deubs par les
fermiers des Prieurez dont ils font pourueus. Promeffes &
obligations au profit de quelques autres Religieux de ladite
Abbaye de quelques fommes de deniers. Extraict du liure du
depoft de ladite Abbaye, contenant les fommes de deniers &

debtes actiues trouuez en quelques chambres d'aucuns Religieux à present decedez. Procés verbal du 24. Septembre 1633. contenant la faction desdits extraicts. Inuentaire des meubles estans dans les chambres de quelques vns desdits Religieux, & ornemens d'Eglise baillez à l'Abbé d'icelle Abbaye pour envser par eux selon sa volóté. Cinq comptes rendus par les Officiers de ladite Abbaye és années 1624. & autres iusques à l'année 1628. contenant la despence qui c'est faite pendant lesdites années en ladite Abbaye, tant en poisson, chairs, que linges & autres choses. Grand nôbre de lettres missiues de plusieurs Abez, Prieurs & autres Religieux de toutes les Abbayes & Monasteres dependans de ladite Congregation escrites à plusieurs particuliers Religieux desdits Monasteres faisans mentió de plusieurs desordres, diuisions, dissolutions, brigues, & monopoles, pretendus commis par plusieurs Religieux d'iceux Monasteres. Informations, interrogations, & autres procedures criminelle, contre les nommez Plazanet, Vigier, Brugiere, Cheraut, Millet, Bussiere, Boucher, & Mazay, tous Religieux de ladite Congregation faictes par les Visiteur, Abbez & Prieurs desdits Monasteres. Plusieurs Requestes de plainctes contre autres Superieurs & Religieux de ladite Congregation par les nommez Barré, Cousin, Millet, Laurent, du Val, Martial, Vidaut, Brugiere, Beaudoux, Soubré, de Brion & Mazay aussi Religieux d'icelle. Sentence du Visiteur de ladite Congregation du 14. Octobre 1621. par laquelle ledit Bussiere Prieur de l'Abbaye de Brantome dependante de ladite Congregation a esté condamné pour crime d'impudicité en vne prison perpetuelle, ieusnes & autres penitences. Autre Sentence dudit Visiteur du 20. de May 1629. de condamnation contre les nommez Cousin & Barré Religieux de sainct Germain des Prez. Autre Sentence du Chapitre general du 14. May 1628. contre ledit Richer, lors Abbé de sainct Vincent. Autre Sentence de l'Abbé de sainct Sulpice, contre les nommez Boucher & Mazay religieux de ladite Abbaye, du 15. Iuin 1624. Procés verbaux de recognoissance de partie desdites lettres missiues & escritures priuées pardeuant le Commissaire à ce deputé par lesdits Richer & Rousseau, & ledit Visiteur & Abbé de

ladite Congregation, des 24. Septembre & 12. Nouembre 1633.
Requeste defdits Vifiteur, Abbez & Religieux de ladite Congregation, portant la recognoiffance par eux faicte du furplus defdites lettres miffiues & efcritures, pour y auoir par le
Confeil tel efgard qu'elles meritent, du 10. Nouembre audit
an, fur laquelle a efté donné acte. Arreft du grand Confeil, du
11. Septembre 1631. par lequel eft ordonné que les religieux de
ladite Congregation feront reintegrez en ladite Abbaye de
fainct Germain Defprez, & que ceux de fainct Maur en vui-
deront dans vingt-quatre heures. Procés verbal contenant la
recognoiffance d'vne lettre miffiue dudit Mercier au fieur de
Grand-Champ, cy deuant grand Audiancier, du 28. Decembre 1631. contre lefdits religieux de la Congregation de fainct
Maur. Acte d'affemblée capitulaire de tous les religieux dudit S. Vincent, du 9. Ianuier 1632. où ledit Mercier Abbé auec
tous lefdits religieux declarent ne defirer l'inftalation defdits
religieux de S. Maur, & ny auoir aucun defordre ny relache
de leur regle entre eux. Six lettres miffiues dudit Mercier au
Prieur d'Affé religieux de ladite Abbaye de S. Vincent, par l'vne
defquelles il luy promet douze cens liure de fon Prieuré, au
cas qu'il figne ledit Concordat, & qu'il aura la liberté d'y aller
demeurer. Refponce dudit Vifiteur de ladite Congregation
audit concordat, pour fatisfaire audit Arreft du 22. Feburier
1633. par laquelle il declare ne pouuoir aggreer ledit concordat, ny l'vnion de ladite Abbaye de fainct Vincent à ladite
Congregation de fainct Maur, comme contraire à la Bulle de
Leon dixiefme, qui deffend de s'aggreger à aucune autre, &
qu'ils font en l'entiere & exacte obferuance de la regle de S.
Benoift & de leurs ftatuts, fignifiées audit Mercier le 12. Mars
audit an. Ladite requefte dudit Cotton du 14. Nouembre audit an, au bas de laquelle eft l'ordonnance dudit Confeil, par
laquelle il a efté receu partie interuenante audit procés, & acte
luy eft donné de l'employ qu'il faict par ladite requefte pour
toute production & efcritures ce qui a efté efcrit & produict
par ledit Mercier. Arreft dudit Confeil au bas des requeftes
cefdits Vifiteur & Mercier des 16. & 26. Nouembre audit an,
par lefquels les fieurs de Leon, le Bret, Talon, Coadjuteur
de Tours & Euefque d'Auxerre Confeillers audit Confeil ont
efté

esté commis pour leur estre conjoinctement communiqué dudit procés par le Rapporteur d'iceluy. Requestes presentées par lesdits Mercier, Richer audit nom, & Samson, pour y receuoir certaines pieces y mentionnées, des vingtiesme Octobre, quatorziesme & trentiesme Decembre audit an, au bas desquelles est l'ordonnance de reception d'icelles. Escriptures desdites parties. Contredicts dudit Samson: Et tout ce que par lesdites parties a esté mis & produict pardeuers ledit Conseil. Ouy le rapport desdits Commissaires, Et tout consideré. LE ROY ESTANT EN SON CONSEIL faisant droict sur lesdites instances, sans s'arrester à l'interuention dudit Cotton, ny auoir esgard audit concordat, A ordonné & ordonne qu'il sera procedé à la reformation tant de ladite Abbaye de sainct Vincent du Mans, que des autres Abbayes & Prieurez de ladite congregation de Chesalbenoist suiuant & conformément à la regle de sainct Benoist, & qu'à cet effect dans deux mois pour toutes prefixions & delays le grand Prieur de Cluny & le Prieur du College de Cluny auec le Rapporteur du procés que sa Majesté a commis & comet, se transporteront tant en ladite Abbaye de S. Vincent, qu'aux autres Abbayes & Prieurez de ladite Congregation, & ce qui sera par eux ordonné sera executé, nonobstant oppositions ou appellations quelconques & sans prejudice d'icelles, dont sadite Majesté a reserué à soy & à sondit Conseil la cognoissance, & icelle interdicte à toutes autres, & de tout ce qui sera faict en execution du present Arrest sera dressé par ledit Commissaire procés verbal pour iceluy veu & rapporté estre par sadite Majesté ainsi qu'elle verra estre à faire par raison, sans despens. Faict au Conseil d'Estat du Roy tenu à S. Germain en Laye, le vingt-quatriesme iour de Feurier mil six cens trente-quatre.

Signé,   BOVTHILLIER.

LOVIS par la grace de Dieu, Roy de France & de Nauarre. A nostre amé & feal Conseiller en nostre Conseil d'Estat, & Maistre des Requestes ordinaire de nostre Ho-

m

stel le sieur de Thiersault, & à nos chers & bien amez les grand
Prieur de Cluny & Prieur dudit College de Cluny : Salut.
Nostre intention estant suiuant & conformément à l'Arrest
ce jourd'huy par nous donné estant en nostre Conseil cy attaché soubs le contre-scel de nostre Chancellerie, que la discipline reguliere soit establie dans les Abbayes & Prieurez de la
Congregation de Chesalbenoist, Nous vous auons commis
& deputez, commettons & deputons par ces presentes si-
gnées de nostre main, pour au desir de nostredit Arrest vous
transporter esdites Abbayes & Prieurez à cet effect : Et si
vous iugez plus à propos pour accelerer ladite reformation,
qu'il soit faict vne assemblée des Superieurs en chefs auec vn
Religieux deputé par les autres Religieux de chacune desdites
Abbayes de ladite Congregation, Nous voulons que ladite
assemblée soit conuoquée en l'Abbaye de sainct Halire lez
nostre ville de Clermont à la diligence du Pere Samson Visiteur de ladite Congregation, auquel nous vous mandons ainsi
le faire; & ausdits Superieurs en chefs & Deputez de se trouuer
en ladite assemblée au iour que vous leur assignerez, pour en
icelle aduiser en vostre presence aux moyens plus conuena-
bles pour la reformation desdites Abbayes, & y trauail-
ler incessamment, dont vous dresserez ample & exact procés verbal, supercedant cependant par lesdits Superieurs en
chefs & Religieux la tenuë du Chapitre General pour l'e-
lection de nouueaux Superieurs esdites Abbayes iusques à
ce que vostredit procés verbal estant par nous veu en nostredit Conseil, & vostre rapport ouy, il soit par nous ordonné ce que de raison, De ce faire vous auons donné &
donnons pouuoir, authorité, commission & mandement
special, & d'executer ou faire executer au surplus nostredit Arrest selon sa forme & teneur, Mandons & ordonnons à tous nos Iusticiers, Officiers, Subjects qu'il appartiendra, & ausdits Superieurs en chefs & Religieux desdites Abbayes de vous obeyr, & entendre és choses touchans
& concernans l'execution de nostredict Arrest & de ces
presentes, Enjoignans à tous Huissiers & Sergens Royaux
qu'icelles & nostredit Arrest ils ayent à signifier, & deuë-

ment faire à sçauoir à qui il sera necessaire , sans demander
pour ce placet, visa, ne pareatis : CAR tel est nostre plaisir.
DONNE' à sainct Germain en Laye le vingt-quatriesme
iour de Fevrier, l'an de grace mil six cens trente quatre, &
de nostre regne le vingt-quatriesme. Signé, LOVIS, & plus
bas, Par le Roy, BOVTHILLIER, & scellé.

Collationné par les Notaires du Roy au Chasteler de Paris soubs-
signez, aux deux originaux en parchemin rendus, l'an mil six
cens trente-six, le dix-neufiesme Mars.

Signé, BEVRREY, & BOVCOT.

ARREST DV CON-

SEIL D'ESTAT ~~DE PREVE~~ DV Roy, par lequel le Roy rend les Peres de la Congregation de Chefalbenoift defcheus de la faculté à eux octroyée de l'eflection de leurs Abbez en leurs Chapitres Generaux, donné le 28. Aouft 1634.

EXTRAICT DES REGISTRES
du Confeil d'Eftat & Priué du Roy.

Vr ce qui a efté remonftré au Roy eftant en fon Confeil, qu'en confideration de la bonne vie & eftroicte obferuance de la Regle de fainct Benoift, que gardoient pour lors les Religieux des Abbayes de Chefal Benoift, fainct Sulpice lez Bourges, fainct Allire lez Clermont en Auuergne, fainct Vincent lez le Mans, & fainct Martin de Seez; Noftre fainct Pere le Pape Leon dixiefme, par fes Bulles du premier Decembre mil cinq cens feize, à la requifition du Roy François I. auroit approuué l'eftabliffement defdits cinq Abbez, en vne Congregation appellée de Chefal-Benoift, & entre autres chofes auroit accordé au Chapitre general d'icelle, l'eflection des Abbez defdites Abbayes, pour vn, deux ou trois ans feulement, aptes lefquels en feroit inftitué d'autres : & ainfi fucceffiuement nonobftant que par le concordat fait en la mefme année entre ledit Leon dixiefme & ledit Roy François premier, la nommination à toutes les Abbayes de ce Royaume euft efté accordée audit Roy François & à fes fuccef-feurs, & en outre auroit octroyé à ladite Congregation plufieurs autres priuileges plus au long mentionnez efdites Bulles, lefquelles auroient efté verifiées au grand Confeil, par Arrelt du   Feurier mil cinq cens dix-huict, pour jouyr par lefdits Religieux du contenu en icelles, tant & fi longuement que la reforme durera efdits Monafteres, en confequence dequoy l'eftroicte obferuance de ladite Regle, fe continuant toufiours efdites Abbayes en ladite Congregation, lefdits priuileges auroient efté confirmés par les autres Papes & Rois de France iufques à prefent, mefme par fadite Majefté fondée fur cette confideration. Neantmoins depuis quelques années en çà, il feroit arriué que par la faute & continence des Abbez & autres Superieurs de ladite Congregation du Chapitre General d'icelles l'obferuance de ladite Regle fe feroit relafchée en plufieurs poincts notables efdits Monafteres, & les diuifions, brigues, & monopoles fe feroient glicées en l'election tant defdits Superieurs au Chapitre general que des Officiers és Monafteres particuliers d'icelle Congregation. Ce qui auroit efté caufe que procez s'eftant meu audit Confeil, entre l'Abbé dudit fainct Vincent, vne partie des Religieux de ladite Abbaye, & Frere Claude Cotton Religieux en l'Abbaye de fainct Germain des Prez d'vne part, & l'autre partie des Religieux de ladite Abbaye de fainct Vincent, joinct à eux le Vifiteur General, les autres Abbez & Religieux de ladite Congregation d'autres, pour raifon de l'execution de certain concordat, Sadite Majefté par Arreft du vingt-quatriefme Feurier dernier, auroit ordonné que par les Commiffaires qu'elle auroit deputez à cet effet, tant ladite Abbaye de fainct Vincent, que les autres Abbayes & Prieurez de ladite congregation feroient reformées fuiuant la regle de fainct Benoift, lefquels Commiffaires en execution dudit Arreft & pour faciliter ladite reformation auroient faict faire vne affemblée en vne defdites Abbayes de tous les Superieurs en chef & d'vn Deputé de chacun Monafteres de ladite congregation: Mefmes pour auoir vne plus parfaicte cognoiffance de l'eftat d'icelle tant en la conduite du fpirituel, qu'au maintien du temporel, & fçauoir les fentimens de la capacité des Superieurs & Religieux defdits Monafteres, fe feroient tranfportez en chacun d'iceux,

dont ils auroient dreſſé procez verbal. Et iceluy rapporté au
Conſeil, par laquelle viſite ils auroient recogneu que pour
maintenir ladite reforme qu'ils pretendoient faire ſuiuant ledit Arreſt & la faire obſeruer conformement en touts leſdits
Monaſteres par quelque autre moyen plus aſſeuré qu'il n'a-
uoit eſté pratiqué par le paſſé, il eſtoit neceſſaire qu'il pleuſt à
ſadite Majeſte nommer à Noſtre Sainct Pere le Pape, quelque
perſonne de ſinguliere pieté & d'authorité pour eſtre chef general de ladite congregation, affin d'auoir l'œil ſur la condui-
cte & Gouuernement d'icelle. VEV LEDIT ARREST DV
CONSEIL, du vingt-quattrieſme Feurier dernier, enſemble
la commiſſion du meſme iour pour l'execution d'icelle. Ledit
procez verbal des Commiſſaires fait en conſequence du 20.
Mars & autres iours audit an, & pieces y mentionnées. Leſdites Bulles de Leon dixieſme. Ledit Arreſt dudit grand Conſeil, du   Feurier 1518. Autre Arreſt dudit Conſeil,
du   par lequel les Lettres patentes dudit Roy François, portant declaration, qu'il n'entendoit aucune triannali-
té auoir lieu és Abayes de ladite congregatió non plus qu'aux
autres de ce Royaume auroient eſté verifiées. La fulmination
deſdites Bulles declarée abuſiues, le Cardinal du Bellay nommé par le Roy & pourueu en conſequence de ladite Abbaye
de ſainct Vincent, maintenu en la poſſeſſion & puiſſance d'i-
celle, nonobſtant l'oppoſition du Scindic & Religieux de ladite Cógregation. Lettres patentes dudit Roy, du mois de Mars
1542. par leſquelles il auroit declaré ſon intention n'eſtre que
par le moyen du ſuſdit Arreſt & Lettres fuſt dérogé en aucune choſe aux ſtatuts, priuileges & reformation de ladite congregation, & au contenu deſdites Bulles, fors & excepté qu'il
vouloit que les Abbez deſdites Abbayes fuſſent doreſnauant
perpetuels & pourueu ſur la nomination. Autres Lettres de
Henry ſecond du mois de Feurier 1547. par leſquelles leſdites Abbayes auroient eſté remiſes en l'eſlection triannale.
Autres Bulles des Papes, Iulle troiſieſme du 3. Octobre
1551. & Paul quatrieſme du 5. Feurier 1555. confirmatiue du
contenu eſdites Bulles de Leon dixieſme, & du ſtatut du Chapitre general de ladite Congregation pour l'vnion des fruicts

& reuenus des Prieurez dependans defdits Abbayes à la menfe d'icelles. Autres Bulles du Pape Paul cinquiefme du 21.
Iuillet 1618. Autres Lettres patentes des Rois Charles neufiefme du mois d'Octobre 1571. Henry troifiefme du 5.
Mars 1575. Henry quatriefme du 15. Nouembre 1601. & de fadite Majefté du mois de Decembre 1618. Ouy par fa Maiefté
le rapport defdits Commiffaires. Deliberation & aduis de fon
Confeil, qui eft que fadite Majefté & fes predeceffeurs ne s'e-
ftans defmis du droict de nomination defdictes cinq Abbayes
pour en laiffer l'eflection au Chapitre General de ladite Congregation, qu'en confideration de l'eftroicte obferuance de
leurs Regles dont ils font à prefent defcheus, elle peut de plain
droict rentrer en la jouyffance de fondit droit de nomination
defdits cinq Abbayes ainfi qu'és autres de fon Royaume,
mefmes qu'il eft expedient que fadite Majefté nomme à Noftre Sainct Pere le Pape quelque perfonne d'authorité pour
eftre pourueu conjointement defdites cinq Abbayes fous vn
feul tiltre d'Abbé Chef & General Adminiftrateur de toute
ladite Congregation, afin de tenir la main à l'obferuance de
ladite reformation ordonnée par ledit Arreft. LE ROY
ESTANT EN SON CONSEIL A DECLARE' ET DECLARE
fuiuant ledit aduis le Chapitre general & Religieux de ladite
Congregation de Chefalbenoift defcheus de la Faculté à eux
octroyée par lefdites Bulles & Lettres patentes d'eflire de trois
ans en trois ans les Abbez defdites cinq Abbayes, Veut &
entend rentrer des à prefent en la jouyffance de fon droict de
nomination en icelles ainfi qu'és autres de fon Royaume, &
neantmoins afin de reftablir & maintenir la reforme qu'il a
ordonné eftre faicte en tous les Monafteres de ladite Congregation par fondit Arreft du 24. Feurier dernier, & la faire obferuer felon l'intention qu'il a toufiours euë, que les Religieux de tous les Monafteres de fon Royaume viuent en la
pureté de meurs & obferuance de leurs regles. Sadite Majefté
entend nommer à Noftre fainct Pere le Pape vn perfonnage
de finguliere pieté pour eftre pourueu defdites cinq Abbayes
conjoinctement & fous vn feul tiltre d'Abbé Chef & general
adminiftrateur de toute ladite Congregation, fans neanmoins

y déroger ny prejudicier au surplus du contenu efdites Bulles,
Lettres patentes, ftatuts & Priuileges de ladite Congregation,
ny à la reformation defdits monafteres d'icelle, que fa Majefté veut eftre inceffamment continuée par les Commiffaires
ja deputez. Faict au Confeil du Roy fa Majefté y eftant tenu
à Chantilly, le vingt-huictiefme iour d'Aouft 1634. Signé
Bouthillier.

*Collationné à l'original par moy Confeiller Secretaire du Roy &
de fes finances, figné Defieux & Pahoyau. Et plus bas eft efcrit pour
coppie deliurée par ordonnance de Monfieur le Lieutenant Particulier,
en datte de ce iour dix-huictiefme Octobre, mil fix cens trente-
quatre.*

COMMISSION

COMMISSION POVR

L'ESTABLISSEMENT DE L'Economat en l'Abbaye de ſainct Vincent donnée en conſequence du precedent Arreſt du Conſeil d'Eſtat & Priué, donné le vingt huiĉtieſme Aouſt *1634.*

OVYS par la grace de Dieu Roy de France & de Nauarre. Au Seneſchal du Mans ou ſon Lieutenant, Nous auons pour bonnes conſiderations par Arreſt par Nous donné eſtant en noſtre Conſeil, ordonné que l'eſlection triannale des Abbayes de l'ordre de la Congregation de Cheſal-Benoiſt n'aura plus de lieu: mais que nous nommerons d'oreſnauant auditès Abbayes, comme à toutes les autres de noſtre Royaume, ce que voulant eſtre executez à l'eſgard de l'Abbaye de ſainĉt Vincent lez noſtre ville du Mans, eſtant de ladite Congregation, Nous voulons deſ-apreſent tous les fruiĉts & reuenus d'icelle eſtre ſaiſies, & mis en noſtre main afin qu'il ſoit pourueu à la conſeruation d'iceux, en attendant que celuy que nous preſenterons à noſtre Sainĉt Pere pour eſtre pourueu de ladite Abbaye en ayt obtenu Bulles & prouiſions en Cour de Rome. A CES CAVSES Nous voulons & vous mandons que noſtre Procureur appellé, Vous ayez à vous tranſporter en ladite Abbaye, & là faire ſaiſir & mettre en noſtre main, tous & chacuns les fruiĉts & autres choſes dependans d'icelles, deſquels ſous bon & loyal inuentaire ſans rien deplacer toutesfois, vous donnerez la charge à Maiſtre Iacques Riuiere noſtre Aſſeſſeur au Mans, lequel comme perſonne capable, Nous auons commis & deputé, commettons œconome de ladite Abbaye pour des choſes ſuſdites, auoir la garde & adminiſtration iuſques à ce que par Iuſtice il en ſoit deſchargé, à condition d'en

n

tretenir par ledit Econome les baſtimens & edifices de ladite
Abbaye en bon eſtat, & ſatisfaire aux autres charges auſquelles elle eſt tenuë, & enfin de temps en temps rendre bon & fi-
del compte de ladite adminiſtration, & payer le reliqua d'icelle à qui il appartiendra, contraingnant à ceſte fin les Fermiers,
Receueurs & Admodiateurs de ladite Abbaye, à mettre les
deniers de leurs fermes & admodiations és mains dudit œconome, & ce en vertu de ſes quiſtances qui leur ſeruiront de
deſcharge valiable par tout où il appartiendra, nonobſtant
oppoſitions ou appellations quelconques, Pour leſquelles ne
voulons eſtre differé, & ſi aucuns interuiennent, nous en
auons retenu & retenons la cognoiſſance à Nous & à noſtre-
dit Conſeil, icelle interditte & interdiſons à tous autres Iuges
quelconques : Mandons & ordonnons au Capitaine & Gou-
uerneur de Noſtredite ville du Mans, de nous aſſiſter ſelon
l'authorité que nous luy auons donnée en icelle, & de nous
venir donner main forte, comme auſſi au Vice Seneſchal de
noſtre dite ville de vous aſſiſter auſſi s'il eſt beſoin, en cas qu'il
ſe faſſe aucune reſiſtance, de fait en l'execution de ces preſentes, Car tel eſt noſtre plaiſir. Donne' à Chantilly le trentieſ-
me iour d'Aouſt l'an de grace mil ſix cens trente-quatre, Et
de noſtre regne le vingt-cinquieſme. Signé LOVYS, & plus
bas, par le Roy, BOVTHELLIER, & ſcellée en queuë de
cire jaulne.

      Signé,   PAHOYAV.

PREMIER CONCOR-
DAT FAICT ENTRE MONSEI-
gneur le Cardinal Duc, & les Religieux de
l'Abbaye de S. Vincent du Mans en confequence de la Commiſſion de l'œconomat
donnée ſur l'Arreſt du 28. Aouſt 1634.

TO V S ceux qui ces preſentes lettres verront,
Louys Seguier, Cheualier, Baron de ſainct
Briſſon, ſieur des Ruaux & de ſainct Firmin,
Conſeiller du Roy, Gentil-homme ordinaire
de ſa chambre, & Garde de la Preuoſté de Pa-
ris: Salut. Sçauoir faiſons, que pardeuant Gabriel Guerreau
& Pierre Parque, Notaires Gardenottes du Roy noſtre Sire
au Chaſtelet de Paris, ſoubsſignés furent preſents en leurs
perſonnes Eminentiſſime Armand, Cardinal, Duc de Richelieu & de Fronſac, Pair de France, nommé par ſa Majeſté à
noſtre S. Pere le Pape, pour eſtre pourueu de la qualité d'Abbé Chef & General, Adminaſtrateur de la Congregation de
Cheſalbenoiſt, d'vne part, & Pere Guillaume Richer Preſtre Religieux Superieur de l'Abbaye de ſainct Vincent du
Mans, l'vne des Abbayes de ladicte Congregation au nom &
comme Procureur general des Religieux de ladite Abbaye par
procuration paſſée le dix huictieſme iour d'Octobre mil ſix
cens trente quatre, pardeuant Michel Reau & Louys le Peltier, Notaires Royaux au Mans, laquelle ſera inſerée enfin
de la minutte des preſentes, lequel d'abondant a promis de
faire ratifier & auoir pour agreable dedans quinze iours prochains venans, oppoſans à l'execution, tant de l'arreſt donné
au Conſeil Priué du Roy le vingt-huictieſme iour d'Aouſt dernier, que de la commiſſion & eſtabliſſement d'Econome de
la perſonne de Maiſtre Iacques de la Riuiere, Conſeiller du
Roy, Aſſeſſeur Ciuil & Criminel en la Seneſchauſſée du

Mans d’autre, lesquelles parties sous le bon plaisir du Roy & de nostre sainct Pere le Pape, ont faicts les accords & conuentions qui ensuiuent, sur ce que ledit Pere Richer audit nom a remonstré audit Seigneur Cardinal, que ayant pleu à sa Majesté, par son Arrest dudit vingt-huictiéme Aoust declarer quelle entendoit desormais rentrer en la jouyssance de nomination és Abbayes de la Congregation de Chesalbenoist, sainct Vincent du Mans, sainct Allire de Clermont, sainct Sulpicce de Bourges & sainct Martin de Seez, & que pour establir & maintenir la reformation, qu’elle veut estre faicte ausdites Abbayes, elle auoit nommé à nostre Sainct Pere le Pape, ledit Seigneur Cardinal pour en estre pourueu sous vn seul nom & tiltre d’Abbé, Chef & General Admodiateur de ladite Congregation, sans preiudicier au surplus des Bulles, Lettres patentes, statuts & Priuileges de ladite Congregation, & en attendant que son Eminence eust obtenu ses Bulles de prouision, sa Majesté auoit estably ledit sieur de la Riuiere Econome, pour regir & gouuerner les fruicts de ladite Abbaye. En execution duquel ledit Econome les auroit faict saisir, auec deffences aux fermiers & detenteurs d’iceux de s’en desaisir en autre main que les siennes, à l’execution duquel Arrest & commission d’Economat, ils se sont opposez tant pour le grand interest qu’ils ont de se voir depossedez de l’administration du reuenu de ladite Abbaye, & contraints de receuoir par les mains dudit Econome auec difficulté ce qui est necessaire pour leurs viures, vestemens & entretenemens du diuin seruice & reparations, que pareillement le public pour faire distribuer les aumosnes ordinaires & executer les charitez & hospitalitez enuers les pauures Religieux, Capucins, Cordeliers & autres passans & repassans par ladite ville du Mans. Ce qui semble estre faict contre le contenu audit Arrest par lequel sa Majesté dit en termes exprez, qu’elle entend conseruer ausdits Religieux de ladite Côgregation, les Priuileges a eux octroyez, tant par les Bulles des Papes, que par les Lettres patentes des Rois ses predecesseurs, ensemble leurs statuts, Or par lesdites Bulles & Lettres patentes & statuts, lesdits Religieux & Conuent de chacune desdites Abbayes auroient l’entiere administration d'icelles, pour en faire la diſtribution, tant auſdits Religieux, pour leurs viures, veſtemens & neceſſitez, que pour les reparations aumoſnes publiques & hoſpitalitez. Tellement que leſdits Religieux ſont priuez de l'effect & intention de ſa Majeſté par ledit Arreſt outre ce leur reuenu eſt pour vne partie conſommé aux deſpens extraordinaires & ſallaires des Commiſſaires, lequel pour le deub de ſa charge ne fait aucune reparation pour petite qu'elle ſoit, qu'il ne faſſe faire vne viſitation par le Iuge des lieux, toutes leſquelles deſpences ne ſont neceſſaires quand les Religieux en ont l'adminiſtration. A cette occaſion & n'ayans formez ladite oppoſition pour conteſter allencontre de ſon Eminence, mais pour le temps de ſe retirer par deuers elle, afin de le faire le Iuge de leurs intereſts, ils recourent audit Seigneur Cardinal pour leur pouruoir ſur ladite oppoſition, & principallement ſur la conſideration que la ſaiſie apporte vn grand deſordre & confuſion en ladite Abbaye. Au lieu qu'ayant ce bon heur que ſon Eminence eſtant nommée Chef & general Adminiſtrateur, ils ſe ſont promis de voir non ſeulement leur Abbaye, mais toute la Congregation plus floriſſante qu'elle n'a oncques eſté. Ils ſupplient tres-humblement ſon Eminence de leur faire ſentir les effects de ſes ſainctes intentions, & leur en dóner la loy telle qu'il luy plaira, & d'autant qu'elle pourroit rejetter ce reglement à vn autre temps, pource qu'elle ne peut eſtre par la cognoiſſance du reuenu de ladite Abbaye, ils offrent de luy donner par chacun an douze mil liures de reuenu toutes leſdites charges faictes & acquittées s'il l'auoit agreable, & lequel acceptant, il luy pleuſt leur faire donner main leuée des ſaiſies faictes du reuenu de ladite Abbaye à la requeſte de l'Econome dont ils le ſupplient humblement.

Et de la part dudit Seigneur Cardinal a eſté dict, qu'encore qu'il ait pleu à ſa Majeſté de le nommer à noſtre ſainct Pere le Pape pour Chef & general deſdites cinq Abbayes & Congregation de Cheſalbenoiſt, neantmoins il n'a point encores de Bulles de prouiſion pour traicter auec ledit P. Richer en qualité de Superieur & Procureur deſdits Religieux de ſainct Vincent du Mans, neantmoins pour teſmoigner auſdits Religieux le deſir qu'il a que la regularité ſoit bien obſeruée auſdi-

tes Abbayes & que les Religieux soient conserués en leurs
Priuileges, & ayent ce qui leur est necessaire, que les aumosnes publiques soient faictes, & les lieux bien reparez & en-
tretenus, l'Econome estant estably pour faire accomplir toutes les charges de l'Abbaye & rendre compte des fruicts à celuy qui sera pourueu d'icelle, il estime auoir vne qualité suffi-
sante, pour en attendant des Bulles de prouision faire cesser
les poursuittes de l'Econome, & leur donner vne partie du
contentement qu'ils esperent de luy, & receuoir leur offie, en
attendant qu'il ait ses Bulles de prouision.

SVR QVOY son Eminence & ledit Pere Richer au-
dit nom sont demeurez d'accord sous le bon plaisir de nostre
sainct Pere le Pape & du Roy, que ledit seigneur Cardinal
nommé par sa Majesté au Pape pour estre pourueu par vn
seul tiltre de la qualité d'Abbé Chef & general Administrateur
de la Congregation de Chesal-Benoist, fera donner ausdits
Superieur, Prieur & Religieux de ladite Abbaye de sainct Vincent du Mans Lettres patentes de reuocation dudit Economat, contenant main leuée des saisies faictes par ledit Econome sur les fruicts & terres de ladite Abbaye, circonstances &
dependances, & inionction à luy de remettre entre les mains
desdits Religieux, ce qui se trouuerra par luy touché, des deniers & fruicts de ladite Abbaye, & iceluy deschargé estre sa-
tisfaict de ses sallaires & vacations par lesdits Religieux, sur
lesquels fruicts & reuenu, ils payeront chacun an, à deux termes égaux Noel & sainct Iean Baptiste par moitié, dont le premier terme est & sera au iour de Noel prochain pour proportion de temps à compter du vingt huictiesme Aoust dernier
iour dudit Arrest, & en apres continuera à payer terme entier
audit iour la somme de douze mil liures franches & quitte,
tant de la nourriture des Religieux sains & malades, ornemens
d'Eglise, aumosnes publiques, telles quelles ont accoustumées,
d'estre faictes, voir plus grandes s'il est possible, hospitalitez,
reparations des bastimens, que generallement toutes autres
charges, tant ordinaires qu'extraordinaires, imposées, qu'à
imposer. Et ce iusques à ce que ledit Seigneur Cardinal ayt
obtenu ses Bulles de prouisions, lesquelles lettres de reuocation d'Economat, leurs seront mises en main, en mesme temps

qu'ils rapporteront acte verbal de la ratification du present
Concordat par lefdits Religieux capitulairement affemblez.
Car ainfi a efté accordé entre les parties, qui promettent ces
prefentes & tout le contenu en icelles auoir agreable, tenir
ferme & ftable à toufiours fans iamais y contreuenir. Renonçans à toutes chofes contraires & au droit difant generalle re-
nonciation non valoir.   En tefmoin de ce Nous à la relation
defdits Notaires, Auons fait mettre le feel de ladite Preuo-
fté à cefdites prefentes qui furent faictes & paffées, l'an mil
fix cens trente quatre, le Mardy vingt & vniefme iour de Nouembre auant-midy au Chafteau de Ruel prez Paris.   Et ont
Mondit Seigneur Cardinal & Richer, fignez la minutte des
prefentes demeurée audit Parque Notaire.

Collationné à l'original par moy Confeiller &
Secretaire du Roy.

Signé,   MATHAREL.

RATIFICATION DV
SVSDIT CONCORDAT,

Du vingt-sixiesme iour de Nouemmbre, mil six cens-trente-quatre, auant midy.

Ardeuant nous Michel Reau & Louys le Peltier, Notaires Royaux au Mans, y demeurans & residens, Sçauoir nous Reau Parroisse de nostre Dame de Gourdine, & nous le Peltier Parroisse & fauxbourgs de S., Vincent, ont esté presens en leurs personnes & personnellement establis venerables, Robert Vetillard Prestre Prieur de l'Abbaye de sainct Vincent de ladite ville du Mans ordre de sainct Benoist sous la Congregation reformée de Chesalbenoist, Pierre Moullay, Denys le Chartier, Zacharie Regnault, Iean Noel, Noel Drouard, Charles le Maignen, Mathurin Laumallier, Pierre Hardoineau, Noel Iarry, Pierre Rousseau, Iean Royer, François Alton, Mathurin Fourault, René Rousseau, tous Prestres de ladite Abaye, Iacques Coignard, Michel Artō, Marin Chauuin & Frāçois Isambard, tous Religieux & Profez de ladite Abbaye, faisans la plus grande, saine & entiere partie d'icelle. Tous lesquels deuëment congregez & assemblez par le commandement dudit Pere Prieur au Chapitre d'icelle Abbaye, apres le son de la cloche & du timbre en la forme & maniere accoustumée pour aduiser aux affaires d'icelle Abbaye, lesquels ayans eu lecture de mots apres autres audit Chapitre, d'vn Concordat & traicté faict entre Eminentissime Armand Cardinal Duc de Richelieu & de Fronsac, Pair de France, d'vne part, & Reuerend Pere Guillaume Richer, Prestre Religieux Superieur de ladite Abbaye sainct Vincent d'autre part, attesté par Maistre Gabriel Guerreau & Pierre Parque Nottaires & Gardenottes du Roy nostre Sire au Chastellet de Paris, le

Mardy

Mardy vingt-huictiefme iour du prefent mois & an , ont lefdits Religieux foubs fignez , dict & declaré bien entendre
ledit Concordat & traicté, & ont loüé, ratifié & approuué
tout le contenu en iceluy , voulu & confenty, veulent &
confentent qu'il forte fon plain & entier effect, & fe font obligez & obligent auec tous les biens & reuenus de ladite Abbaye, à l'entretien & execution de toutes les charges & clau-
fes y contenuës, dont nous les auons iugez. Faict & paffé
au Chapitre de ladite Abbaye à l'iffuë des graces du difner,
pardeuant nous Nottaires Royaux fefdits & foubs-fignez
lefdit iour & an.   Ainfi figné auec Nous Notaires en la minutte des prefentes, F. R. Vetillard, F. Moullay, le Chat-
tier, Regnault, Noel, le Maignen, L'aumallier, F. N. Iarry, F. Pierre Rouffeau, Alton, Coignard & Frere Michel
Hatton.   Et en l'efgard defdits Drouart, Hardouyneau,
Royer, Fourault, René Rouffeau, Chauuin & Ifambart, fe
font retiré fans figner.

*Collationné à l'original par moy Confeiller
& Secretaire du Roy.*

Signé,   MATHAREL.

LETTRES PATENTES
DV ROY, DONNE'ES EN
conſequence du precedent Concordat, pour
le leuement de l'Economat de S. Vincent.

 OVYS par la grace de Dieu Roy de France
& de Nauarre. Au Seneſchal du Maine ou ſon
Lieutenant : Salut. De la partie de nos deuots
Orateurs, les Superieur & Religieux de l'Abbaye de ſainct Vincent du Mans, l'vne des Abbayes de la Congregation de Cheſalbenoiſt, Nous a eſté
tres-humblement remonſtré, Que nous ayant pleu en execution de l'Arreſt par nous donné en noſtre Conſeil, le vingt-
huictieſme du mois d'Aouſt dernier, de decerner nos Lettres
de Commiſſion à Vous addreſſantes pour eſtablir Maiſtre
Iacques de la Riuiere noſtre Aſſeſſeur au Mans, Econome au
regime & gouuernement dès fruicts de ladite Abbaye, iuſques
à ce que celuy que nous auons nommé à noſtre ſainct Pere le
Pape pour eſtre pourueu d'icelle euſt obtenu ſes Bulles & pris
poſſeſſion, à la charge de luy en rendre compte, & ce pendant
entretenir bien & deuëment les edifices & baſtimens, faire &
accomplir generallement toutes les charges auſquelles elle eſt
tenuë & obligée, en execution duquel Economat vne bonne
partie deſdits fruicts eſtoit conſommée, & leſdites charges,
principallement celles qui regardent le ſeruice diuin, leur
nourriture, & les aumoſnes publiques qui ont de couſtume
eſtre faictes à la porte de ladite Abbaye, ſont faictes auec grande difficulté & peine par ledit Econome : au contraire faciles à
eſtre accomplies par eux qui y ſont accouſtumez, Nous ſupplians tres-humblement vouloir reuoquer ledit Economat, &
leur laiſſer l'adminiſtration du reuenu de ladite Abbaye ſoubs
les offres qui ont eſté faictes à noſtre tres-cher Couſin le Cardinal Duc de Richelieu Pair de France par nous nommé à no-

stre sainct Pere le Pape pour estre pourueu de ladite Abbaye de sainct Vincent lez le Mans, de mettre entre les mains de telle personne qu'il nous plairoit nommer la somme de douze mil liures par chacun an pour ses droicts, ce qu'il auroit accepté soubs nostre bon plaisir, & de nostredit sainct Pere le Pape, attendant qu'il eust obtenu ses Bulles de prouision, Lesquelles offres Nous auons pour aucunes bonnes considerations acceptées par prouision, en attendant que nostredit Cousin aye obtenu sesdites Bulles. Povr ce est-il que voulans gratiffier lesdits Exposans, & esprouuer leur bonne administration, & leur oster toutes excuses qu'ils pourroient auoir de ne se disposer à viure dedans la reformation & obseruation des statuts de ladite Congregation. De nostre grace speciale & plaine volonté leur auons par ces presentes donné & octroyé, donnons & octroyons plaine & entiere main leuée des saisies faictes sur les biens & reuenus de ladite Abbaye à la requeste dudit de la Riuiere œconome, le pouuoir & cómission duquel nous reuoquons, voulons que de sa gestion & administration il rende cópte ausdits Exposans en le satisfaisant des fraiz par luy faits iusques à present en execution dudit œconomat, & à la charge d'accomplir par lesdits Exposans toutes les charges tant publiques, que particulieres de ladite Abbaye, & de mettre par chacun an entre les mains du sieur des Roches, Chantre & Chanoine en l'Eglise de Paris la somme de douze mil liures, attendant que nostredit Cousin en aye obtenu ses Bulles, Voulons qu'apres la signification des presentes ledit Econome cesse toute administration des fruicts de ladite Abbaye, laquelle par ces presentes Nous luy deffendons & interdisons, & remettons lesdits Exposans en la iouyssance & administration qu'ils auoient desdits biens auparauant ledit œconomat. Si vovs mandons que les Exposans vous faciez iouyr de l'effect des presentes, Et à tous Huissiers & Sergens de faire pour icelles executer tous exploicts requis & necessaires : Car tel est nostre plaisir. Donne' à sainct Germain en Laye, le quinziesme iour de Decembre, l'an de grace mil six cens trentequatre, & de nostre regne le vingt cinquiesme. Signé, Lovis, & plus bas, Par le Roy, Bovthillier, Et du grand sceau de cire iaulne.

o ij

CONCORDAT FAIT

ENTRE MONSEIGNEVR LE Cardinal Duc de Richelieu, & les Peres Abbez, Superieurs & Religieux de la Congregation de Chesalbenoist, ordre de sainct Benoist reformée en France.

PARDEVANT Gabriel Guereau & Pierre Parques Notaires Gardenottes du Roy nostre Sire en son Chastellet de Paris, soubs-signez. Furent presens Monseigneur l'Eminentissime Cardinal Duc de Richelieu, Pair, Grand Maistre, Chef & Intendant General de la Nauigation & Commerce de France, & General Administrateur au Spirituel & Temporel de la Congregation de Chesalbenoist de present en cette ville de Paris, en son Hostel ruë sainct Honoré, Parroisse sainct Eustache, d'vne part : & Reuerends Peres Ioseph Samson, Abbé de l'Abbaye de sainct Sulpice de Bourges, & Visiteur General de ladicte Congregation de Chesalbenoist : Louys Roüillard, Abbé de Chesalbenoist : Iean Bournon, comme ayant charge de Frere Iean Sarsat, Abbé de sainct Allire de Clermont en Auuergne : Guillaume Richer Superieur estably en l'Abbaye de sainct Vincent du Mans, & Nicolas Daminois, Abbé de sainct Martin de Seez, estant de present en cette ville de Paris, logez és maisons de l'Escu de France & du Chaudron, toutes lesquelles parties ont faict les accords & conuentions qui ensuiuent, SÇAVOIR EST, Que lesdits sieurs Abbez & Religieux apres auoir veu & bien consideré l'Arrest du Priué Conseil du vingtiéme iour du present mois donné sur leur requeste, ils ont tant pour eux que pour tous les Religieux de ladite Congregation voulu & consenty, veulent & consentent qu'il soit executé en tous & cha-

cuns ſes poinſts ſelon ſa forme & teneur, duquel Arreſt la teneur s'enſuit.

VR la Requeſte preſentée au Roy eſtant en ſon
Conſeil par Freres Ioſeph Samſon, Abbé de l'Abbaye de ſainſt Sulpice de Bourges & Viſiteur general de la Congregation de Cheſalbenoiſt: Loüys
Roüillard, Abbé de l'Abbaye de Cheſalbenoiſt : Iean Bournon, comme ayant charge de frere Iean Sarſat, Abbé de
l'Abbaye de Clermont en Auuergne : Guillaume Richet, Superieur eſtably en l'Abbaye de ſainſt Vincent du Mans, & Nicolas Daminois, Abbé de ſainſt Martin de Seez, faiſans &
compoſans la Congregation de Cheſalbenoiſt de laquelle ils
ſe font forts, tendant à ce que pour les cauſes contenuës en
icelle il plaiſe à ſa Maieſté ſans auoir égard à l'Arreſt du Conſeil du 28. Aouſt 1634. & à tous actes, conuentions & accords
faiſts en conſequence d'iceluy, ordonner qu'ils continueront
à iouyr & vſer de tous les droits & priuileges dont ils ont iouy
iuſques à preſent : & meſmement d'eſlire en leurs Chapitres
generaux les Abbez & autres Superieurs de ladite Congregation, ſans eſtre ſubjeſts au droiſt appartenant à ſa Majeſté
de nommer aux autres Monaſteres de ſon Royaume, & en ce
faiſant leur faire donner pleine & entiere main leuée des ſaiſies
faites à la requeſte des œconomes des fruiſts & reuenus deſdites cinq Abbayes, & que les Commiſſaires ou ſequeſtres eſtablis leur en rendront compte, & que neantmoins il plaiſe à ſa
Majeſté leur donner pour Chef & Adminiſtrateur general
tant au ſpirituel qu'au temporel le ſieur Cardinal Duc de Ri-
Richelieu, ſoubs l'authotité & prudente conduiſte duquel
ſera tenu vn Chapitre general de ladite Congregation, & en
iceluy faiſt & dreſſé des Statuts qui ſeront approuués par ledit ſieur Cardinal, authoriſez par ſa Majeſté, & homologuez
entelle de ſes Cours ſouueraines qu'il luy plaira : Qu'audit
Chapitre general ſera eſleu vn Viſiteur general qui preſentera
l'aſte de ſon eſlſtion audit ſieur Cardinal, & prendra ſon Vicariat, pour ſoubs l'authorité d'iceluy faire exaſtement obſeruer leſdits Statuts, & rendre raiſon de ſon adminiſtration
au prochains Chapitres generaux qui ſeront tenus par cha-

o iij

cun an, & en iceux ellection faicte d'vn autre Vifiteur ou l'ancien continué, lequel fera pareillement tenu de prefenter l'acte de fon ellection ou de continuation audit fieur Cardinal, & prendra de luy nouueau Vicariat, offrant pour les foings que ledit fieur Cardinal aura de faire viure les Religieux de ladite Congregation en l'obferuation de leurs Statuts, empefcher par fon authorité, prudence & zele fingulier la deffeance de la difcipline reguliere, & releuer ce qui en feroit defcheu: De luy payer par chacun an la fomme de trente mil liures fur les plus clairs fruicts & reuenus defdites Abbayes, laquelle fomme ils diftribueront fur chacunes d'icelles à proportion de leurs reuenus, & pafferont toutes procurations requifes & neceffaires pour confentir en Cour de Rome la creation dudit tiltre de Chef & general Adminiftrateur du fpirituel & temporel de ladite Congregation en faueur & au profit dudit fieur Cardinal, & aux fins de la creation de ladite penfion.

V E V ladite Requefte, fur laquelle eft ordonné qu'elle fera monftrée audit fieur Cardinal, pour fa refponce veuë eftre ordonné ce que de raifon, du iour de   La refponce dudit fieur Cardinal, qu'il a accepté par le commandement du Roy la nomination qu'il a pleu à fa Majefté faire de fa perfonne pour eftre pourueu fous vn feul tiltre des cinq Abbayes de la Congregation de Chefalbenoift, que neantmoins il remet tout fon droict entre les mains de fa Majefté, & n'empefche d'ordonner fur la requefte ce qu'elle iugera digne de fa Iuftice & pieté, lefdits Arrefts des vingt-quatriéme Feurier & vingt-huict Aouft mil fix cens trente-quatre, Contract en forme de tranfaction entre ledit fieur Cardinal & Pere Guillaume Richer Superieur de ladite Abbaye de fainct Vincent du Mans du vingt-huictiefme iour de Nouembre mil fix cens trente-quatre, au pied duquel eft vn acte de ratification des Religieux de ladite Abbaye du vingt-fixiefme defdits mois & an. Autre contract entre les fieur Cardinal & Freres Nicolas Saffier & André Boucher, Preftres, Religieux de ladicte Abbaye de Seez, comme Procureurs des Religieux d'icelle, du 20. dudit

mois de Nouembre dernier, & autres pieces attachées à ladite requeste.

E ROY estant en son Conseil ayant aucunement esgard à la Requeste & offres des Suplians,
les a remis & restituez en tel estat qu'ils estoient
auparauant ledit Arrest du vingt-huictiesme
Aoust mil six cens trente quatre, & contre lesdits contracts, accords & transactions desdits iour vingt-vn,
vingt six, vingt-neufiesme Nouembre & quinziesme Decembre mil six cens trente quatre, & autres actes par eux faits en
consequence dudit Arrest & sans y auoir esgard, A maintenu
& gardé les Suplians en leurs droicts, Priuileges, immunitez
& exemptions, & specialement au droict d'eslire en leurs Chapitres generaux leurs Abbez suiuant la Bulle du Pape Leon dixiesme & Lettres du Roy François premier & neanmoins sadite Majesté a ordonné & ordonne que ladite Congregation
auec les membres qui en dependent sera regie & gouuernée
par vn personnage de singuliere pieté, auec le tiltre de Chef
& General Administrateur tant au spirituel que temporel de
ladite Congregation, lequel sera pourueu en Cour de Rome
sur la nomination que sa Majesté en fera à nostre sainct Pere le
Pape, & lequel pour soustenir ladite dignité, & subuenir aux
fraiz necessaires aura & prendra sur les plus clairs reuenus desdites cinq Abbayes vne pension annuelle de trente mil liures
exempte de toutes charges, & pour le zele & deuotion dudit
sieur Cardinal Duc de Richelieu à tout ce qui concerne la
gloire de Dieu & aduancement de l'Eglise, sa Majesté inclinant
à la priere des Suplians, veut & entend qu'il soit pourueu dudit
tiltre de Chef & general Administrateur tant au spirituel qu'au
temporel de ladite Congregation auec ladite pension de trente mil liures selon la distribution qui en sera faicte sur les fuicts
de chacune desdites Abbayes, & que toutes lettres de nomination requises & necessaires en Cour de Rome luy en soient
expediées, A ordonné & ordonne que les Suplians en leur
prochain Chapitre general qui sera tenu apres Pasques feront
ratifier tout le contenu en leur requeste auec la soufmission
d'executer & entretenir le present Arrest de poinct en poinct

felon fa forme & teneur, & rapportant l'acte de fa ratification
& foufmiffion auec des procurations en bonne & deuë forme
pour confentir en Cour de Rome, & par tout ailleurs ou befoin fera la creation en tiltre de dignité d'vn Chef & general
Adminiftrateur au fpirituel & temporel de ladite Congregation de Chefalbenoift , lequel fera nommé par fa Maiefté, &
pourueu par noftre fainct Pere le Pape, & pour confentir la
creation de ladite penfion de trente mil liures fur les fruicts
defdites cinq Abbayes felon la diftribution qui en fera faicte
audit Chapitre general & autres Chapitres generaux qui feront cy apres tenus d'an en an , eflection fera faicte d'vn Vifiteur general lequel prefentera l'acte de fon élection audit fieur
Cardinal, & prendra de luy fon Vicariat, pour fous l'authorité d'iceluy faire exactement obferuer lefdits Statuts, & fa
Majefté fait aufdits Supplians pleine & entiere main leuée des
faifies faictes fur les fruicts & reuenus defdites Abbayes à la
requefte des Oeconomes, & ordonné que les Commiffaires
& fequeftres eftablis rendront compte, & porteront le reliqua
entre leurs mains, & ce faifant en demeureront bien & valablement defchargés.

To v t i s lefquelles chofes lefdits Abbez promettent faire agréer & ratifier à chacune Maifon & Religieux de ladite
Congregation , dont ils fourniront acte de ratification dans
fix femaines , enfemble de procurations neceffaires pour l'o-
mologation dudit Arreft tant en Cour de Rome, qu'aux autres
lieux ou befoin fera , & promettent de faire faire le femblable
au prochain Chapitre general, & ce pendant par prouifion &
afin que le payement de la penfion de trente mil liures ordonnée par ledit Arreft à mondit Seigneur ne foit retardée, lefdits
Religieux promettent la payer en deux termes efgaux, Sçauoir , fainct Iean Baptifte & Noel, dont le premier payement
efcherra à la fainct Iean prochainement venant , & ainfi de
terme en terme, laquelle penfion lefdits Abbez & Religieux
ont accordez payer à fon Eminence de fon confentement Iufques à ce que ladite fomme ayt efté diftribuée par le Chapitre
general fur chacune defdites Abbayes, Sçauoir eft, pour Chefalbenoift, mil liures: fainct Sulpice, fix mil liures: fainct Alire,
trois mil liures : fainct Vincent , douze mil liures : & fainct
Martin

Martin, huict mil liures: toutes lesquelles sommes reuien-
nent à trente mil liures, ainsi qu'il est porté par ledit Arrest,
sans toutes fois que lesdites Maisons puissent estre contraintes
les vnes pour les autres, ains seront tenuës payer leur cotte-
part, ainsi qu'il a esté accordé & consenty par lesdits Religieux,
& seront tenus les faire apporter à leurs frais, despens, perils
& fortunes les termes estant escheuz en la ville de Paris, & les
mettre és mains de

Et mondit seigneur au moyen de ce que dessus a accordé aux
susdits Religieux main leuées des saisies faictes du temporel
desdites Abbayes par les œconomes, comme aussi promet les
assister à ce qu'ils soient maintenus & confirmez par nostre
sainct Pere le Pape & par le Roy en leurs droicts & priuileges
conformément aux Bulles de Leon dixiesme, & Lettres patentes de François premier, & autres Bulles & Lettres patentes obtenuës en consequence d'icelles, à la charge que lesdits Religieux obserueront les statuts de leur Congregation,
lesquels suiuant leur requeste feront renouueller en leur Chapitre general dans lequel ils esliront vn Visiteur general pour
faire obseruer les Staturs apres qu'il aura esté presenté audit
Seigneur Cardinal & pris son Vicariat, & à condition aussi de
faire & supporter toutes les autres charges, & mesme de continuer les aumosnes qui de tout temps & ancienneté ont esté
faictes ausdites Abbayes, & pour l'execution des presentes
ont esleu leur domicille, sçauoir mondit Seigneur en sondit
Hostel à Paris ruë sainct Honoré Parroisse sainct Eustache, &
lesdits Religieux en la maison de Maistre   Millet
l'aisné Procureur en Parlement, place de Greue, Parroisse de
sainct Iean, ausquels lieux ils veulent & entendent que tous
exploicts & significations leurs soient faicts comme parlant à
leurs personnes, car ainsi a esté accordé: Promettant, & obligeant, & renonçant. Et fait & passé audit Hostel de Richelieu
à Paris, le Mercredy vingtiesme iour de Feurier mil six cens
trente-cinq, & a mondit Seigneur & lesdits Religieux susnommez signez la minutte des presentes demeurée audit Parques.

ARREST DV CON-
SEIL ~~d'iftat~~ DV ROY, PAR
lequel tout ce qu'a faict & paſſé Frere Iacques
Mercier depuis qu'il a faict ſon Concordat
auec Frere Claude Cotton iuſques à ce iour,
eſt caſſé & annullé.

EXTRAICT DES REGISTRES
du Conſeil d'Eſtat.

VR la Requeſte preſentée au Roy en ſon Conſeil
par les Religieux & Superieur en l'Abbaye de
ſainct Vincent du Mans, Ordre de ſainct Benoiſt
de la Congregation de Cheſalbenoiſt reformée
en France, afin que pour les conſiderations y
contenuës, & attendu qu'en execution de l'Arreſt dudit Conſeil d'Eſtat du vingt-quatrieſme Fevrier dernier, Le ſieur
Thierſault s'eſtant tranſporté en ladite Abbaye, & receu les
plaintes des deſordres & diuertiſſemens des deniers, boys &
meubles dependans de ladite Abbaye faicts par le Pere Mercier, cy deuant Abbé, & ſes adherans : Iceluy ſieur de Thierſault auroit ordonné que les Suppliants obtiendroient monitoire, ce qui auroit eſté faict & prouué que Bertrand Pouget
Sergent & Notaire en la Baronnie de Tuffé dependant de ladite Abbaye, Mathurin Binault cy deuant ſeruiteur domeſti-
que dudit Prieuré, & François Frenet meſtiuier de la grange
diſmereſſe dudit Prieuré, & leurs complices, auroient ſoubs
l'aduis dudit Mercier & ſes adherans abbatu quantité de bois
de haute fuſtaye de grand prix, & faict enleuer iceux en leurs
maiſons, & quantité de meubles, grains & deniers dudit Prieuré, dequoy auroit eſté informé de l'ordonnance dudit ſieur
Thierſault par le Lieutenant particulier du Mans l'vn des
Commiſſaires par ledit ſubdelegués pour eſtre pourueu aux

parties ainſi que de raiſon, dont ledit Pouget, Binault & Frenet s'en ſont portez pour appellans au Parlement de Paris, au
lieu de ſe pouruoir au Conſeil ont obtenu Arreſt audit Parlement du dernier iour d'Aouſt dernier, & reçeuz pour appellans du droiĉt & priſe de corps, & permis d'y faire appeller qui bon leur ſembleroit, & ladite information portée au
greffe de ladite Cour, auec deffenſes d'executer les decrets
contre leſdit complices & ledit Binault eſlargy des priſons, &
auſſi ledit Pere Mercier contreuenant à la ſentence dudit ſieur
Thierſault du cinquieſme Iuillet dernier, s'eſt immiſſé en ladite charge d'Abbé, & a pouruen frere Nicolas Boeſſeau Religieux de ladite Abbaye, du Prieuré de Guerteau, & en outre
a faiĉt euoquer aux Requeſtes du Pallais à Paris, vne inſtance
pendante pardeuant les Iuges dn Mans, Commiſſaires deputez par le Conſeil concernant la reſolution de pluſieurs baux
faiĉts par ledit Mercier pendant le trouble par luy faiĉt en ladi-
ĉte Abbaye, tellement que ledit Parlement & Requeſtes du
Pallais ne pouuant cognoiſtre de l'execution dudit Arreſt du
Conſeil requeroient les ſupplians qu'il pleuſt à ſa Majeſté
ordonner, que ſans auoir eſgard audit Arreſt dudit Parlement
de Paris du dernier Aouſt des differends du Parlement de Paris & Requeſtes du Palais ſeront euoquez, & l'information
faiĉte contre ledit Pouget, Binault, Frenet & cóplices, & auſſi
les Procedures faiĉtes audit Parlement contre Maiſtre Iulian
Graſſin Preſtre Vicaire dudit Tuffé, & pardeuant les Iuges
Preſidiaux du Mans, pour le tout veu eſtre leſdits Pouget, Binault, Frenet & complices punis ſelon la rigueur des loix &
ordonnances pour ledit crime ſur la reſolution deſdits baux,
auquel Preſidial du Mans en ſera attribué toute Cour, Iuriſ-
diĉtion & cognoiſſance, & de tous les differens arriuez depuis
ledit trouble procedant d'iceluy auec leurs circóſtances & dependances pour iceux iuger ſouuerainement, diffinitiuement
& en dernier reſſort, auec deffences audit Pouget, Binault,
Frenet, Graſſin & complices de ſe pouruoir audit Parlement
de Paris & ailleurs, & audit Parlement & Requeſtes du Pallais d'en prendre cognoiſſance à peine de nullité, caſſation
de procedures, deſpens, dommages & intereſts & de trois
mil liures d'amende, & auſſi faiĉt deffenſes audit Pere Mer-

cier de plus prendre qualité d'Abbé ny Superieur de ladite
Abbaye de sainct Vincent, n'y s'entremettre des affaires d'i-
celle, pour le spirituel ou temporel, ny de troubler ledit Pere Richer Superieur, & autres Religieux à l'exercice de leurs
dignitez directement ny indirectement sous telle peine qu'il
plaira au Conseil arbitrer, & cependant casser & annuller
toutes les collations, prouisions & presentations faictes par
ledit Mercier, des benefices dependans de ladite Abbaye
depuis le Concordat faict auec F. Claude Cotton religieux de
l'Abaye de S. Germain Desprez, prenant qualité de Procureur
des Peres de la Congregation de S. Maur, ensemble les baux
à ferme, actes, contracts & conuentions faictes & passées tant
au nom dudit Mercier en ladite qualité d'Abbé que de ses
adherans, VEV ladite requeste, signé Matharel. Arrest du
Conseil d'Estat, du vingt-quatriesme Feurier mil six cens trente quatre, portant qu'il sera procedé à la reformation de ladite Congregation de Chesalbenoist, & qu'à cet effect le
Grand Prieur du College de Clugny auec le Raporteur du
procez commis par ledit Arrest, se transporteront tant en
ladite Abbaye de sainct Vincent, qu'aux autres Abbayes &
Prieurez de ladite Congregation, & ce qui seroit par eux
ordonné seroit executé, nonobstant oppositions ou appellations quelsconques & sans preiudice d'icelles, dont sa Majesté
a reserué à son Conseil la cognoissance, & icelle interdicte à
tous autres. Commission sur ledit Arrest dudit iour vingtqua-
triesme Feurier audit an mil six cens trente quatre, addressan-
te audit sieur Thiersault, Conseiller & Maistre des Requestes
& au Grand Prieur de Cluny & Prieur du College de Cluny,
pour l'execution dudit Arrest. Procez verbal du sieur Thiersault Commissaire, du premier May 1634. contenant les
remonstrances du Pere Samson Abbé de l'Abbaye de sainct
Sulpice de Bourges, & Visiteur general de ladite Congregation estant assemblez au lieu de sainct Alire suiuant l'ordonnance de sa Majesté, fors ledit Pere Mercier ; contre lequel ledit Pere General & Superieurs requeroient que ledit
Pere Mercier fust deposé de sa charge d'Abbé, pour ne s'e-
stre trouué en ladite assemblée, & auoir malversé en sa charge, surquoy ledit sieur Thiersault auroit ordonné deffaut au-

dit Pere Visiteur General contre ledit le Mercier, & que nonobstant son absence il seroit passé outre à l'execution dudit Arrest. Procés-verbal desdits sieurs Commissaires du vingtiesme Mars & autres iours mil six cens trente-quatre en consequence dudit Arrest & Commission, contenant les plaintes à eux faites par les religieux de ladite Abbaye S. Vincent, du divertissement & desordre fait par le Pere Mercier & consorts des deniers, grains, meubles & abbats des bois de haute fustaye appartenant à ladite Abbaye, & des baux passez par ledit Mercier des fermes de ladite Abbaye contre les termes pendant le trouble faict par luy en ladite Abbaye de l'ordonnance dudit sieur Thiersault de permission ausdits Religieux d'obtenir monitoire pour la preuve du contenu esdites plaintes, & subdelegation au premier Iuge Magistrat du Presidial du Mans pour l'execution desdites ordonnances. Autre ordonnance dudit sieur Thiersault du cinquiesme Iuillet dernier, de deffenses audit Pere Mercier, René Bommer & Iean Bondonnet de s'immiscer en la fonction d'Abbé, de Prieur, & grand Celerier en ladite Abbaye, & enjoinct de sortir dans trois iours de ladite Abbaye, & en leur lieu establi les Pere Guillaume Richer Superieur en Chef, Robert Vetillard Prieur Claustral, Pierre Rousseau grand Celerier: & à l'esgard desdits baux, les parties renvoyées pardevant les Iuges des lieux. Requeste aux Peres Visiteur & Conuisiteur de ladite Congregation par les Peres Richer & Vetillard & autres Religieux de ladite Abbaye de sainct Vincent pour confirmer la nomination faite par ledit sieur Thiersault de leurs personnes aux charges de Superieurs en ladite Abbaye. Ordonnance sur ladite requeste du quatorziesme Aoust mil six cens trente-quatre, portant ladite confirmation, & enjoinct à tous les Religieux de ladite Abbaye de recognoistre ledit Pere Richer & Vetillard pour Superieurs aux peines d'inobedience. Autre Arrest du Conseil d'Estat du vingt-huictiesme Aoust mil six cens trente-quatre, pour estre incessamment procedé à ladite reformation par lesdits Commissaires. Arrest du Parlement de Paris du dernier iour d'Aoust audit an, sur requeste de Bertrand Pouget, Mathurin Binault & Frenet, portant deffenses de l'execution en

leurs perſonnes d'vn decret de priſe de corps donné par le
Lieutenant particulier du Preſidial du Mans ſur l'information par luy faicte des ſuſdits diuertiſſemens des deniers,
grains , meubles & couppe de bois. Signification dudit Arreſt au Pere Richer Superieur de ladite Abbaye du cinquieſme Septembre dernier. Relief d'appel releué audit Parlement
le vingt-vnieſme Nouembre dernier par ledit Graſſin Vicaire
de Tuffé du decret d'adjournement perſonnel contre luy
donné ſur ladite information par ledit Lieutenant particulier. Aſſignation donnée audit Pere Richer en vertu dudit appel audit Parlement du dix-ſeptiéme dudit mois de Nouembre. Coppie de Cõmittimus des Religieux de ladite Abbaye
du trentiéſme Iuin mil ſix cens trente quatre. Aſſignation
donnée en vertu d'iceluy aux Requeſtes du Palais à Paris audit Pere Richer à la requeſte du Pere Mercier prenant qualité
d'Abbé & Superieur de ladite Abbaye, & Frere Matthieu
Chamballu prenant qualité de Celerier dudit Prieuré de Tuffé , du quatorzieſme Nouembre mil ſix cens trente quatre.
Ouy le rapport, Et tout conſideré. LE ROY EN SON
CONSEIL ayant eſgard à ladite requeſte, & ſans s'arreſter
à l'Arreſt dudit Parlement du dernier Aouſt mil ſix cens trente-quatre, A euoqué & euoque à ſoy & à ſondit Conſeil les
differends deſdites parties pendant & indecis tant eſdites Requeſtes du Palais, que Parlement de Paris , & iceux enſemble
l'information faicte contre leſdits Graſſin , Pouget , Benault,
Frenet & complices , a renuoyé & renuoye pardeuant les
Iuges Preſidiaux du Mans, pour eſtre par eux procedé ſuiuant la rigueur des Ordonnances ſouuerainement & en dernier reſſort , ainſi qu'il appartiendra par raiſon , Et deffenſes
auſdits Mercier, Graſſin, Pouget, Binault, Frenet,& tous autres de ſe pouruoir ailleurs que pardeuant leſdits Preſidiaux
du Mans à peine de mil liures d'amende, deſpens, dommages
& intereſts , auſquels preſidiaux ſadite Majeſté en a attribué
& attribue toute Cour, Iuriſdiction & cognoiſſance, & icelle
interdicte à tous autres Iuges, le tout ſans prejudice du Committimus deſdits Abbé & Religieux en autres cauſes : Et en
l'eſgard des collations & prouiſions des Benefices ,enſemble
des baux , contracts, & tranſactions faictes tant au nom du-

dit Mercier, que de ses adherans depuis le Concordat par luy
faict auec Frere Claude Cotton Religieux en l'Abbaye de
sainct Germain Desprez en qualité de procureur des peres de
la Congregation de sainct Maur, Sa Majesté les a cassez &
annullez, les casse & annulle, & declare de nul effect, Et en
outre sadite Majesté faict inhibitions & deffenses audit pere
Mercier de prendre plus qualité d'Abbé ou de Superieur en
ladite Abbaye sainct Vincent, ny de troubler ledit Richer en
ladite qualité directement ou indirectement. Faict au Conseil d'Estat du Roy tenu à paris le vingt-neufiesme iour de
Mars mil six cens trente-cinq.

Signé,   BORDIER.

OVYS par la grace de Dieu Roy de France
& de Nauarre. Aux Gens tenans le siege presidial du Mans, Salut : par l'Arrest dont l'extraict
est cy dessus attaché soubs le contre-scel de nostre Chancellerie ce iourd'huy donné en nostre
Conseil d'Estat sur la requeste des Religieux & Superieur en
l'Abbaye de sainct Vincent du Mans, ordre de sainct Benoist
de la Congregation de Chesalbenoist reformée en France, à
l'encontre du pere Mercier y desnommé, Nous auons euoqué à nous & à nostredit Conseil les differends des parties
pendans & indecis tant és Requestes de nostre palais, qu'au
parlement de paris, & iceux ensemble l'information faicte
contre les nommez Grassin, pouget, Binault, Frenet & complices renuoyez pardeuant vous, & vous mandons de proceder suiuant la rigueur de nos ordonnances souuerainement
& en dernier ressort, ainsi qu'il appartiendra par raison, vous
en attribuant à ceste fin toute Cour, Iurisdiction & cognoissance, laquelle nous interdisons à tous autres Iuges, Mandons en outre & commandons à nostre Huissier ou Sergent
premier sur ce requis de signifier ledit Arrest à tous qu'il appartiendra, faire les deffenses portées par iceluy, commandemens aux Greffiers de nostredite Cour de parlement &
Requestes de nostre palais à paris d'enuoyer en vostre Greffe
moyennant salaires raisonnables les pieces & procedures
concernans lesdits differends, mesmes lesdites charges & in-

formations si elles sont dans leurs Greffes, ensemble tous autres actes & exploicts requis & necessaires, sans demander
autre congé ne permission : CAR TEL EST nostre plaisir.
DONNÉ à Paris le vingt-neufiesme iour de Mars, l'an de grace mil six cens trente & cinq , & de nostre regne le vingt-
cinquiesme. Signé , par le Roy en son Conseil, BORDIER, &
scellé du grand sceau de cire jaulne, & contre-scellé.

Collationné les presentes coppies à leurs originaux en parchemin
à nous representées par venerable Frere Guillaume Viel, Prestre, Re-
ligieux Profex de ladite Abbaye , & Celerier du Prieuré du Tuffé
en dependant, auquel ils ont esté renduës saines & entieres pour les
garder & les representer quant besoin sera , par nous Notaires
Royaux au Mans y demeurans , soubs-signez , le quatorziesme
Apuril mil six cens trente-cinq.

R. G. VIEL.

GAVLTIER , & DABOVS.

ACTE

ACTE DE REFVS FAIT

PAR LES RELIGIEVX DE L'ABAYE
de sainƈe Colombe lez Sens, ordre de sainƈt
Benoiſt de la Congregation de Cheſal-
Benoiſt reformée en France, au Reuerend
Pere Bournon Abbé de l'Abbaye de sainƈt
Allire & Viſiteur General de ladite Con-
gregation.

E IOVRD'HVY vingt-vnieſme iour du mois
de Nouembre l'an mil ſix cens trente-cinq, enuiron l'heure de ſept heures du matin, Nous Nottaires Royaux ſoubſignés, Nous eſtans tranſportez au dedans du Chaſtel de l'Abbaye ſainƈe Colombe lez
Sens à la priere & requiſition des Venerables Religieux, Prieur
& Conuent d'icelle, ſeroient comparus pardeuant Nous Reuerend Pere Frere Nicolas Daminois Preſtre, Prieur de ladite Abbaye, & les Venerables Pere Frere Charles Cuignet,
ancien Religieux, Iacques Salot, Pierre Charlot, Iean Mercier, Mathurin Izambart Preſtres, Frere Pierre Coſſé, Fiacre
Drouet, & Marin François, tous Religieux profez, d'icelle
Abbaye, faiſans & repreſentans la plus grande ſaine partie &
Communauté des Religieux d'icelle Abbaye : Leſquels en noſtre preſence ſe ſeroient addreſſez à la perſonne de Reuerend
Pere Frere Iean Bournon Religieux de la Congregation de
Cheſalbenoiſt, auquel Reuerend pere Bournon trouué dedans le Cloiſtre de ladite Abbaye, ledit Reuerend pere Daminois auroit fait les remonſtrances declarations & prote-
ſtations qui enſuiuent, tant pour luy que pour tous leſdicts
Religieux cy deſſus nommez, deſquels il eſt aſſiſté : C'eſt à
ſçauoir que ſur les tres-humbles Requeſtes & inſtances, ſup-

plications qui auroient esté faictes à sa Maiesté par les Reuerends peres de la Congregation de Chesalbenoist : Sadite Majesté auroit nommé pour Chef & General Administrateur de
ladite Congregation, Monseigneur l'Eminentissime Cardinal Duc de Richelieu, à la charge que celuy qui seroit legitimement esleu pour Visiteur par le Chapitre general de ladite Congregation qui seroit assemblé & tenu de l'authorité dudit Seigneur seroit obligé de prendre Vicariat de son Eminence, auparauant que pouuoir par luy s'ingerer & immmiscer
dans les fonctions dependantes de ladite charge de Visiteur,
& d'en faire aucun acte, & que ledit Reuerend pere Iean
Bournon, soy disant & pretendant auoir esté esleu au dernier Chapitre General de ladite Congregation en ladite qualité de Visiteur soit qu'il aye negligé de prendre le Vicariat de
Mondit Seigneur, soit qui l'ayant demandé il ne l'aye peu
obtenir, estant despourueu par ce moyen de l'approbation &
authorité qui luy est necessaire, cessant laquelle il ne peut establir sa pretenduë qualité de Visiteur, ny en faire aucuns actes,
il ne laissent neantmoins au mespris de l'honneur qu'il doit à
sadite Eminence au preiudice de ses droicts. Comme la volonté de sa Maiesté, & la teneur des Arrests de son Conseil
d'entreprendre de se faire recognoistre pour Visiteur és Maisons de ladite Congregation, en faire les actes iusques à se
vouloir presenter pour y faire sa visite. Mesmes qu'ils sont
aduerty que le sujet de son voyage & de son arriuée en ladite
Abbaye saincte Colombe, & à l'effet de ladite pretenduë visite, mais d'autant que l'intention desdits Religieux de ladite
Abbaye saincte Colombe, a tousiours esté de demeurer és
termes de l'obeyssance, & du respect qu'ils doiuent aux volontez de sa Maiesté, aux Arrests de son Conseil & à l'authorité de son Eminence, ausquels ils iugent que se seroit attenter
faire preiudice & injure, s'ils admettoient ledit Reuerend pere Bournon, en ladite pretenduë qualité & luy permettoient
de proceder au fait de ladite visite, laquelle il ne peut faire
sans estre pourueu dudit Vicariat, c'est pourquoy ils declarent
audit Reuerend pere Bournon qu'ils n'entendent l'approuuer
& recognoistre pour Visiteur, iusques à ce qu'il aye obtenu
ledit Vicariat, Approbation & confirmation de ladite Emi-

nence : Et en tant qu'il voudroit passer outre au fait de ladite visite & fonctions de visiteur en ladite Abbaye, ils entendent prendre, comme de fait ils prennent dés à present tout ce qu'il pretend & pourroit faire pour contrauention aux Ar- rests du Conseil de sa Majesté & aux Concordats faits entre sadite Eminence & ladite Congregation de Chesalbenoist, au moyen dequoy en continuant les declarations qu'ils en ont ja cy deuant faictes, ils se sont opposez & s'opposent d'abon- dant formellement à ladite visitte, & a tout ce qui sera par luy faict geré & ordonné en cette qualité. Et où il sera passé outre au preiudice de ladite opposition ils protestent de nul- lité de tous lesdits actes & ordonnances, qu'il se voudroit in- gerer de faire & de se pouruoir comme ils verront bon estre, tant contre ledit Reuerend pere Bournon, que de tous au- tres ses adherans, & mesme de se maintenir en icelle Abbaye sous le bon plaisir & auctorité de sadite Eminence, & par tou- tes voyes deuës & raisonnables, luy declarant en outre qu'ils se portent pour appellans pardeuant son Eminence, & en toutes Cours que besoin sera, des entreprises dudit Reuerend pere Bournon de l'indiction de sa pretenduë visite & de tout ce que pourroit faire & gerer audit nom, & qu'ils entendent prendre comme de faict ils prennent à partie tant luy que ses adherans, dont & de tout ce que dessus, ledit Reuerend pere Prieur, & en suitte tous lesdits Religieux susnommez nous ont requis leur donner acte, lequel nous auons octroyé pour leur seruir ainsi que de raison. Signé en fin de la minutte des presentes, Daminois humble Prieur susdit, Cuignet, I. Salot, F. Charlot, Mercier, M. Izambart, Pierre Cossé, Drouet, F. M. François, & des Notaires soubsignez, demeu- rée vers ledit Laurent.

LEQVEL Reuerend pere Bournon, a demandé audit pere Prieur s'il n'auoit pas esté esleu legitimement au Chapi- tre general, & si luy mesme n'auoit pas donné sa voix auec les Religieux esleu de cette communauté.

Lequel Prieur en presence desdits Religieux cy dessus nom- mez, à persisté à son dire cy dessus, & que de plus quant il se- ra deuant Iuge competant, il donnera telles responses que de raison.

q ij

Au méme acte ledit Reuerend pere Bournon à requis toutͤ
te ladicte communauté s'il n'estoit pas vray qu'il auoit esté reçeu en cette par toute icelle communauté en qualité de Visiteur general, s'il n'auoit pas tenu le siege en leur Chapitre
pour coliger les voix de la reception des Nouices, à quoy
lesdits pere Prieur & Relligieux, ont dit qu'ils gardoient de se
mesprendre, & qu'estant deuant iugé compettant ils feroient
leur response, apres quoy ledit Reuerend Pere Bournon a
fait response, qu'il est tres-obeissant aux volontez de sa Maiesté, & ne pretend en aucune façon y contreuenir, ains au có-
traire qu'il est icy exprez pour les executer, & que luy mesme
en personne estant allé demander son vicariat à son Eminence, il luy auroit esté respondu, par son Conseil, que ladite Eminence ne luy pouuoit donner : veu & entendu que
mondit Seigneur le Cardinal n'estoit encores pourueu dudit
tiltre de Chef general Administrateur, tant du spirituel que
temporel, ce qui l'auroit obligé de prendre Arrest sur Requeste de Messieurs du grand Conseil pour l'exercice de sa charge,
par lequel il enjoint à tous Iuges Royaux, conformément à
l'ordonnance, de prester main forte, à l'execution de ses ordonnances, & ce afin que la discipline Reguliere ne vienne à
desperir pendant le temps que sadite Eminence viendra a
auoir le tiltre general de Chef & general Administrateur tant
au spirituel qu'au temporel de nostre sainct Pere le Pape.
C'est pourquoy il declare que le present acte à nous requis
par ledit Prieur, n'est à autre fin que pour empescher qu'il ne
cognoisse & mette ordre ausdits Religieux, desportemens
qu'ils se commettent ordinairement en cette maison, il ny
puisse mettre ordre, & en cas de desobeyssance & rebellion,
pretend de se pouruoir ainsi qu'il verra bon estre, & à l'instant
a enjoint audit Pere Prieur de faire sonner le timbre pour as-
sembler lesdits Religieux au Chapitre pour receuoir ses commandemens, dequoy ledit pere Bournon nous a requis acte
& coppie du present acte entier, Signé en fin, Bournon Visiteur general.

Et a ledit pere Prieur dict qu'il perciftoit en ses premieres declarations, oppositions & appellations, en presence
desdits Religieux, qui ont tous dict & declaré audit Reue-

rend pere Bournon, qu'ils perciſtent en leurs declarations &
oppoſitions cy deſſus , & qu'ils appellent de l'ordonnance
ſuſdite, en adherant à leurs premieres appellations. Pro-
teſtent de faire le tout reparer comme eſtant vne continuation de ſes entrepriſes & attentats ſuſdit, & qu'ils entendent
ſe maintenir, nonobſtant les pretenduës ordonnances dudit
Reuerend pere Bournon, lequel ils n'entendent recognoi-
ſtre pour Viſiteur, pour n'en auoir les prouiſions & confirmations neceſſaires. Faiᵭt les an & iour que deſſus , ſignez en
fin de la minutte des preſentes, Daminois Prieur & Vicaire
general de l'Abbaye ſainᵭte Colombe, ſans approbation de la
pretenduë qualité que prend le Reuerend pere Bournon,
Cuignet, I. Salot, F. Charlot Mercier, M. Izambart, Pierre
Coſſé, Drouet, F. M. François, & des Nottaires ſoubsſignez,
demeurée vers ledit Laurent.

LAVRENT.   BENOIST.